ANGELA KRUMPEN
Nur Versöhnung kann uns retten

ANGELA KRUMPEN

Nur Versöhnung kann uns retten

Der furchtlose Einsatz von Erzbischof Simon Ntamwana
für Frieden in Burundi

adeo

Für Bischof Simon Ntamwana und die Menschen im
Versöhnungswerk Vie Nouvelle pour la réconciliation.
Möge ihre Versöhnungsarbeit ihnen und allen Menschen
in Burundi ein neues Leben schenken.

Und für alle Menschen, die niemals aufgeben.
Mögen sie, mit Václav Havel, immer die Gewissheit haben,
dass das, was sie tun, Sinn macht.
Auch wenn sie nicht wissen können,
ob es gut ausgeht.

Inhalt

1. Anflug auf Ruanda: das erste Mal nach Afrika

„Zwei einfache Wahrheiten: Es gibt nichts,
was nicht vergeben werden könnte.
Und es gibt niemanden,
der keine Vergebung verdient hätte."[1]

DESMOND TUTU

„Bitte nehmen Sie wieder Ihre Plätze ein und schalten Sie Ihre elektronischen Geräte aus. In Kürze erreichen wir Kigali, Ruanda." Die Stimme des holländischen Piloten in der KLM-Maschine lässt meinen Puls in die Höhe schnellen. 9. September, 19.10 Uhr, Kigali-Airport. So lautet meine Verabredung. Es ist das allererste Mal, dass ich nach Afrika reise. Und ich weiß nicht mal, wo ich übernachten, wen ich treffen und ob ich überhaupt abgeholt werde.

Eigentlich will ich gar nicht nach Ruanda. Eigentlich möchte ich nach Burundi. In dieses so winzige, wie von der Weltöffentlichkeit achtlos übersehene afrikanische Land. Obwohl der Welthungerindex regelmäßig in die Welt ruft, dass Burundi zu den drei ärmsten Ländern gehört, interessiert das niemanden. Vielleicht denken wir ja alle, unbewusst und vielleicht auch aus Angst um das eigene gute Leben, dass, wenn es denn schon ein

---

[1] Desmond und Mpho Tutu: Das Buch des Vergebens, Vier Schritte zu mehr Menschlichkeit, Allegria Verlag, 2014, S. 12.

Welthunger-Ranking gibt, auch irgendwer die letzten drei Plätze belegen muss. Kein Ranking ohne letzte Plätze. In einer Fußballligatabelle ist das schließlich auch nicht anders.

Aber es gibt mehr, was man über Burundi wissen sollte: Es ist das am dichtesten besiedelte Land Afrikas, mehr als 300 Menschen leben auf einem Quadratkilometer. Knapp die Hälfte der Bevölkerung ist jünger als 15 Jahre. Aber die Menschen in Burundi sind nicht nur jung und arm und hungern. Sie leben auch in Angst und Schrecken. Vor ihrer eigenen Regierung.

Ich reise im September 2016. Von Reisen nach Burundi wird dringend abgeraten, verlautbart das Auswärtige Amt auf seiner Webseite. Deutschen in Burundi wird dringend empfohlen auszureisen. „Komm jetzt nicht", warnt mich Erzbischof Simon Ntamwana aus Gitega, einer Stadt in Burundi, „es ist zu gefährlich, es herrscht viel zu viel Gewalt hier". Erzbischof Ntamwana ist eine in Afrika sehr respektierte Stimme, viele Jahre war er Vorsitzender der zentralafrikanischen Bischofskonferenz. Seit April 2015, als in Burundi eine neue Krise ausbrach, ist es schon das dritte Mal, dass er mir absagt. Drei Mal schon haben wir eine Recherchereise nach Burundi geplant, drei Mal hat Bischof Simon mich kurz vor Reiseantritt traurig vertröstet: im Herbst 2015, im Februar und jetzt auch im Spätsommer 2016. Wie aber soll ich ein Buch über Burundi schreiben, wenn ich nie dort war, nicht mit den Menschen reden kann?

Also schmieden wir einen Plan B: „Komm nach Kigali. Wir kommen von Burundi aus auch nach Ruanda und treffen uns einfach in Kigali", schlägt Bischof Simon schließlich vor. Kigali also.

Kigali, die Hauptstadt von Ruanda. Aber außer dem, was alle über den Völkermord in Ruanda wissen, weiß ich rein gar nichts über dieses Land. Gerade, dass es das Land der 1000 Hügel genannt wird, weiß ich noch. Als ein befreundeter Journalist von meinen Reiseplänen erfährt, schreibt er in einer E-mail: „Denk dran, keine Plastiktüten mitzunehmen, aber das weißt du ja sicher." Ähm, nein, das weiß ich nicht. Und denke zunächst verunsichert, er erlaube sich einen seltsamen Scherz. Dr. Google belehrt mich rasch eines Besseren: Ruanda ist tatsächlich das einzige Land der Welt, in dem jede Form von Plastiktüten verboten ist (und in dem die Menschen tatsächlich ihre Einkäufe in braunen Papiertüten umhertragen, wie ich bald erfahren werde). Ich mache mich auf die Suche nach erfahrenen Ruandareisenden. Alle beruhigen mich, Ruanda sei ein sicheres Land.

Darüber bricht schließlich der 9. September an. Obschon unsere Reisewege so unterschiedlich lang sind, zehntausend Flugkilometer hier, kaum dreihundert Fahrtkilometer dort, brechen wir fast zur selben Zeit auf. Eine Gruppe Burunder, oder Barundi, wie die Burunder sich selbst nennen, fährt in Gitega los, ich mache mich von Deutschland auf den Weg. Abends sind wir am Ausgang des Kigali-Airport verabredet. Doch Bischof Simon hat mir nicht verschwiegen, dass die Beziehung zwischen Ruanda und Burundi durch die Krise in Burundi und durch Hunderttausende Flüchtlinge aus Burundi nach Ruanda angespannt ist. Nicht jeder Burunder wird ins Land gelassen. Wer in einem Bus anreist, noch einmal weniger. Die kleine Gruppe, die ich treffen soll, kommt aber in einem Bus. Ich kann also nicht wissen, ob ich abends abgeholt werde. Losfliegen, auf den Weg machen, muss ich mich natürlich dennoch.[2]

---

2 „Le courage d'espérer construit et élève", schreibt Bischof Simon später an den Rand des Manuskripts: Der Mut der Hoffnung baue uns auf und mache stark, würde ich das frei übersetzen. Und denke: Was für ein schönes Bild.

Der Flug von Düsseldorf nach Kigali, über Amsterdam und mit einer Zwischenlandung in Entebbe, Uganda, verläuft ohne Probleme. Auf diesem stundenlangen Flug ins „Vielleicht-Nichts" fragt mich mein Verstand: Warum tust du dir das an? Mutest dir Impffieber zu, quetschst in deinen vollen Terminkalender eine Reise, für die du eigentlich gar keine Zeit hast? Warum willst du ein Buch schreiben über ein Land, in dem du noch nie warst und in das sich auch sonst nur selten ein Europäer verirrt? Eine allererste Reise in einen dir auch noch vollständig unbekannten Kontinent, in dem du, statt Interviewpartner zu treffen, vielleicht verwaist vor dem Flughafen zurückbleibst? So viele dringliche, wahrscheinlich berechtigte Fragen stellt mein Hirn. Aber mein Herz hatte sie, entschlossen und sicher, schon vorher alle beiseitegewischt: Ich weiß genau, warum ich diese Reise antrete!

Ich reise, weil die Menschen, die ich kennenlernen werde, ganz normale, ganz einfache Menschen sind. So normal wie ich. Und doch große Dinge tun. So groß, dass ich um die halbe Welt reisen und sie erforschen will. Diese Menschen leben Versöhnung. Trotz Völkermords.

Ich werde Menschen treffen, die jene Gräuel erlebt haben, die uns schon bei der leisesten Andeutung schaudern und zurückweichen lassen. Menschen, denen ihre Babys aus den Armen gerissen wurden oder die schon fast totgeschlagen im Massengrab lagen. Einer von ihnen hat mit seiner Machete selbst gemordet.

Sie alle gehen, die Opfer zu den Tätern, die Täter zu den Opfern, und bieten Versöhnung an. Das gelingt nur wenigen Menschen. Es ist schon schwierig genug, miteinander in Frieden zu leben, also „einfach nur" leben und leben zu lassen. Ungleich schwieriger wird es schon, den Nachbarn, der die Tochter, den Lehrer, der die Mutter ermordet hat, in Frieden leben zu lassen.

Aber als Opfer den Tätern aktiv Versöhnung anbieten? Oder als Täter, als jemand, der gemordet hat, die Angehörigen der Opfer um Verzeihung bitten? Das ist groß. Die Menschen, die ich kennenlernen will, tun genau das. Sie sagen Dinge wie: „Als Opfer tragen wir nur die Folgen der Tat. Der Täter aber trägt die Verantwortung. Das ist so viel gravierender. Für uns ist es viel leichter, den ersten Schritt zu tun. Deswegen gehen wir ihn."

Die Menschen, die ich interviewen will, gehören alle zu dem Werk „Vie nouvelle pour la réconcilitation", „Neues Leben durch Versöhnung", das Erzbischof Simon Ntamwana gegründet hat.

Bischof Simon weiß, wovon er spricht: Mehr als 100 Menschen aus seiner eigenen Familie sind über die Jahrzehnte im Völkermord umgebracht worden. Er hat den Mördern seines Vaters Versöhnung angeboten, den Mördern seines Bruders verziehen. Erzbischof Simon lebt in ständiger Gefahr, hat Attentate überlebt. Die Familie seines jüngsten Bruders, samt schwangerer Frau und vier Kindern, ist ermordet worden, um ihn einzuschüchtern und mundtot zu machen. Aber ganz egal, was in 45 Jahren Bürgerkrieg passiert ist, ganz egal, was noch passieren mag, aus Burundi wegzugehen, kommt für den Bischof nicht infrage. „Wenn ich sterben soll, dann sterbe ich. Aber solange ich lebe, kämpfe ich dafür, dass die Herzen der Menschen weniger schmerzen, dass die Menschen ein neues Leben bekommen. Der einzige Weg dorthin ist die Versöhnung."

Starke Worte. Mit der natürlichen Autorität eines Menschen gesprochen, der sagt, was er tut. Und tut, was er sagt. Ein Visionär. Der so viele andere Menschen dazu bewegt, es ihm nachzutun. Zusammen haben die Menschen aus dem Versöhnungswerk viele zehntausend Menschen durch Versöhnungsprozesse begleitet. Ich wiederhole mich, aber das ist groß.

Das ist der Grund, warum mein Herz nicht zögerte, als der Erzbischof mich eines Tages fragte, ob ich mit ihm arbeiten, über sein Versöhnungswerk ein Buch schreiben wollen würde. Der Bischof hatte andere Bücher von mir gelesen, irgendwas daran hat ihn glauben lassen, ich könne auch seine Geschichte erzählen. Mein Herz willigte zwar rasch ein, aber es stellte eine Bedingung: Gerne würde es seine Geschichte erzählen, aber keinesfalls nur seine, die eines Visionärs und Gründers. Auf jeden Fall müsste ich auch jene Menschen befragen können, die sich dem Bischof anschließen, die seine Aufgabe bereitwillig zu der ihren machen. Mir war sofort klar, warum mein Herz so dringlich diese eine Bedingung stellte: Es fürchtete, eine Biografie des Bischofs (für die es zur Not ja auch ausgereicht hätte, ihn einfach in Europa zu treffen) würde zwar Leser finden, die des Bischofs Mut und seine Hingabe bewunderten. Ja. Aber würden sie seine Botschaft auch für ihr eigenes Leben in Erwägung ziehen? Mein Herz sah die Gefahr, dass die Leser Bischof Simons Botschaft weit von sich weisen würden, mit dem Hinweis, es sei ja großartig, was Visionäre, Ausnahmepersönlichkeiten wie er erreichen könnten. Aber normale Menschen seien nun mal nicht in der Lage, solche Gräuel zu vergeben. Doch, wenn es stimmt, was mir der Bischof erzählte, dann können sie genau das. Dann können Menschen, denen schier unaussprechliche Dinge widerfahren sind, ihren Peinigern verzeihen. Einen, wenn auch äußerst schmerzlichen Weg der Versöhnung gehen, an dessen Ende Täter und Opfer die Wunden geheilt haben und mit den immer bleibenden Narben ein neues Leben leben. Ein lebensfrohes, eines voller Liebe noch dazu!

Das ist es, was mein Herz herausfinden wollte: Wie machen diese Menschen das? Welche inneren Schritte auf diesem Weg braucht ihre Seele, um dazu fähig zu werden? Welche äußeren Schritte braucht der Prozess zwischen zwei Menschen, die durch eine Tat so tief verbunden sind, dass sie zu Täter und Opfer wurden, damit sie wieder zwei eigenständige Menschen werden können, die ihren eigenen Lebensweg gehen? Diese Fragen stellte mein Herz, als Bischof Simon mir die Bitte eines Buches über sein Werk antrug.

Es gab noch einen Grund, warum ich nicht zögerte. Andauernd lassen wir uns in allen möglichen, vor allem aber den visuellen Medien vor Augen führen, zu welchen Abgründen wir Menschen fähig sind. Das ist wichtig. Und richtig. Weil wir sonst vergessen, es schier nicht für möglich halten, zu welchen Grausamkeiten wir in der Lage sind. Aber so sehr Menschen hassen können, so sehr können sie lieben, bin ich schon lange überzeugt. „Nein, noch mehr", korrigiert Bischof Simon mich, „sie können sogar noch mehr lieben als hassen". Der Liebe nachzugehen, nicht nur dem Hass, das will ich schon mein ganzes Leben lang. Davon handeln alle meine Bücher. Mir ist es, warum auch immer, ein geradezu körperliches Bedürfnis, diesen Liebesgeschichten zu folgen. Ihnen zuzuhören und aufzuschreiben, was ich davon verstehen kann. Wie sollen wir Menschen unsere wahre Größe kennen, wenn wir nicht hinschauen, wie Menschen sich von der Liebe leiten lassen und dadurch zu wahrer Größe wachsen? Wie sollen wir wissen, dass Menschen wirklich Großes tun können, wenn wir uns diese Geschichten nicht erzählen? Wenn ich für eine solche Liebesgeschichte in das Herz von Afrika reisen muss, dann soll es so sein.

Ob meine Interviewpartner, die mein Herz so dringlich kennenlernen möchte, es über die Grenze geschafft haben oder ob mein erster Flug nach Afrika mich am Flughafen ausspuckt und dort verwaist zurücklässt? Mir bleibt nichts anderes übrig, als mich in meinem Sitz zurückzulehnen und abzuwarten.

2. Ein Haus voller Geschichten: von so viel Hass und Gewalt, von so viel Mut und Liebe

„Der Mensch wird erst intelligent,
wenn er auf allen Gebieten den Anteil der Größe
von seiner Kleinheit zu unterscheiden weiß.
Der Mensch, der sich einzig den Anteil
der menschlichen Kleinheit zu eigen macht,
verliert nach und nach
seine eigentliche Größe."[3]

MICHEL KAYOYA

---

3 Michel Kayoya: Auf den Spuren meines Vaters, Jugenddienst Verlag, 1973, S. 117.
Michel Kayoya war ein burundischer Priester, Schriftsteller, Dichter und Intellektueller. Er reiste durch Europa, um auf die Not in Burundi aufmerksam zu machen und Unterstützung zu finden. Er reiste auch nach Moskau, um herauszufinden, ob der Kommunismus für die Menschen in Afrika ein Weg nach dem Ende des Kolonialismus sein könnte. Michel Kayoya wurde am 15. Mai 1972 erschossen. Seine Gedichte, Erzählungen, Berichte und Reflexionen gelten als poetische Zeitzeugnisse. Ich entdeckte ihn, weil ich einer meiner Tanten von meinem Buchprojekt in Afrika erzählte. Sie und ihr Mann haben den Nachlass einer alleinstehenden Nachbarin geordnet. Das Buch sollte nach ihrem Tod weggeworfen werden, da haben die beiden es an sich genommen. Die Verstorbene lebte in meinem Heimatdorf im Rheinland, finanzierte das Studium von Michel Kayoya mit, unterstützte seine Projekte, und, wie erstaunlich: Als alleinstehendes „Fräulein", wie man damals sagte, reiste sie schon in den 70er-Jahren selbst nach Burundi! Als Bischof Simon in meinem fertigen Manuskript auf das erste Zitat von Michel Kayoya stieß, wurde er ganz aufgeregt: „Michel Kayoya! Wie hast du den denn gefunden? Ich verehre ihn und will ihn zur Seligsprechung vorschlagen." Nein, nicht ich habe Michel Kayoya gefunden, ich glaube, Michel Kayoya hat unser Buchprojekt gefunden.

„Wie immer, wenn wirkliches Wachstum stattfindet, erwies sich der Prozess als zutiefst schmerzhaft und wunderschön zugleich."[4]

DESMOND TUTU

Zwei Stunden ist es nun her, dass ich in Kigali gelandet bin. Es dauert ein bisschen. Strenge Sicherheitskontrollen, lange Schlangen an den Schaltern des Zolls und der Bearbeitung der Einreisevisa warten auf alle Passagiere der Maschine. Und nachdem das überstanden ist, muss das Gepäck aus dem Flugzeugbauch seine Besitzer wiederfinden. Allen Mitreisenden gelingt es irgendwann, die richtige Tasche, das richtige Kofferungetüm vom Gepäckband zu hieven. Ich stehe immer noch am Band, als es plötzlich stoppt. Meine Tasche hat es nicht befördert. Ratlos starre ich auf die geschlossene Luke, die eben noch Gepäck ausspuckte. Die Halle leert sich, auch die letzten Passagiere schieben ihre Gepäckwagen zum Ausgang. In der Tasche ist mein Aufnahmegerät, das ich absichtlich, um bohrende Fragen zu vermeiden, nicht im Handgepäck transportiert hatte. Ohne das Gerät wird der Aufenthalt sinnlos. Schließlich, ich laufe etwas ziellos in der Halle umher, finde ich meine Tasche auf einem anderen Band mit Koffern aus einem anderen Land. Egal, geschafft, endlich kann ich den Flughafen in Kigali verlassen.

Mein Herz klopft mir bis zum Hals, als ich auf den Ausgang zugehe: Was, besser, wer erwartet mich?

Kaum trete ich aus dem Flughafen, laufe ich geradewegs in eine kleine Menschentraube. In ihrer Mitte: Bischof Simon. Beifall brandet auf, Menschen umarmen und küssen mich. So

---

4 Desmond und Mpho Tutu: Das Buch des Vergebens, Vier Schritte zu mehr Menschlichkeit, Allegria Verlag, 2014, S. 10.

erleichtert wie verwundert lasse ich mich herzen. Fühle mich wie eine Fremde, die empfangen wird, als wäre sie ein enges Familienmitglied, das nach langer Reise heimkommt.

Irgendwann werde ich zu einem kleinen Bus auf dem Flughafenparkplatz geführt und geheißen einzusteigen. Gerade will ich mich wundern, wie denn die anderen nach Hause kommen, es können ja schier unmöglich alle in diesen kleinen Bus passen, da klettert zu meinem großen Erstaunen einer nach dem anderen hinterher. Pickepacke bis unters Dach beladen, fahren wir durch die dunkle Nacht. Von meinem Fensterplatz aus versuche ich, erste Eindrücke aus Ruandas Hauptstadt zu erhaschen. Außer viel Gewusel und Gehupe von Autos und Motorrädern auf den Straßen, zwischen hochbeladenen Fahrrädern und Strömen von Menschen am Straßenrand, kann ich nicht viel erkennen.

Schließlich werden die Menschen auf den Straßen weniger, wir fahren über eine große Ausfallstraße aus der Stadt heraus auf eine Anhöhe, biegen in unbefestigte kleinere Straßen ab, bis wir schließlich im Schritttempo durch riesige Schlaglöcher schaukeln und vor einem Metalltor hupend zum Stehen kommen. Alsbald kommt ein junger Mann gelaufen, um beflissen das Tor zu öffnen. Als sich meine Augen an die Dunkelheit gewöhnt haben, erkenne ich die Umrisse eines beeindruckend großen zweistöckigen Hauses. Sein Giebel ruht auf Säulen, zu denen hohe Treppen führen. Hier werden wir also die nächste Woche über zusammen wohnen. Auch der Erzbischof. Es ist, erzählen mir die anderen aus der Gruppe später, in ihrer langen gemeinsamen Geschichte überhaupt das erste Mal, dass der Erzbischof mit ihnen zusammenlebt. Dabei wünschen die Menschen im Werk es sich sehr, warten schon darauf. In Gitega gibt es in einem der Häuser des Werkes eine fertig eingerichtete Wohnung, die nur auf den Einzug des Erzbischofs wartet. Sobald er nicht mehr als

Erzbischof gebraucht wird, wird er in diese Wohnung ziehen. Hier in Kigali also können alle in Vorfreude schon mal Erfahrungen in der Wohngemeinschaft sammeln.

Es war gar nicht so einfach, ein passendes Haus für unser kleines Begegnungsabenteuer zu finden: abgelegen musste es sein, ungestört mussten wir miteinander reden können. Wenn die Menschen mir ihre Geschichten wirklich erzählen sollten, dann mussten wir unter uns sein können. In einem Staat wie Ruanda, in dem Kritik an der Politik und an Offiziellen verboten ist und der über ein ausgedehntes Geheimdienstwesen kontrolliert wird, haben die Wände Ohren. Auch in Gästehäusern oder kirchlichen Häusern. Wir mussten also abseits und alleine wohnen.

Außerdem brauchten wir ein einfaches Haus. Das Leben in Ruanda ist viel entwickelter – und viel teurer als das im so viel ärmeren Nachbarland Burundi. Eine sowohl bezahlbare als auch geeignete Unterkunft in einem fremden Ort in einem anderen Land zu finden, wobei einige aus der Gruppe nie zuvor Burundi verlassen hatten, war für meine Gastgeber vom Versöhnungswerk keine leichte Aufgabe. Mithilfe einer in Ruanda lebenden Tochter eines Mitgliedes der Gruppe fanden sie dieses abgelegene Haus auf einem der Hügel, die das Tal, in dem Kigali liegt, bilden.

Auch wenn es von außen gewaltig und herrschaftlich aussieht, ist das Leben im Haus einfach: Es gibt zwar Strom, aber die Leitungen sind altersschwach und wackelig. Mehrmals am Tag, vor allem abends, dann, wenn wir das Licht brauchen, fällt der Strom für längere Zeit aus und wir essen im Dunkeln. Die Duschen sind verrostet, die Wasserhähne verbogen, doch wir haben – wenn auch nicht immer – fließendes Wasser. Ich werde angehalten, das Wasser nicht zu trinken. Zum Kochen gibt es hinter dem

Haus auf einer Gartenmauer einen winzigen Kohleofen. Die jungen Hausangestellten leben zwar auf dem Gelände, aber in einem Holzverschlag ohne Fenster, zu fünft und auf wenigen Quadratmetern. Obwohl die gesamte obere Etage leer steht. Jeden Tag schneidet mir der Anblick des Verschlages neu ins Herz. Die jungen Leute kommen vom Land. Ihr Lohn aber reicht nicht aus, um die Eltern dort ab und zu zu besuchen.

Eines Abends kommt überraschend „Le Patron", der Hausbesitzer, vorbei. Er parkt sein großes Auto im Hof und klopft im schicken Anzug, mit teurer klobiger goldglänzender Uhr am Handgelenk, an die Tür, um nach seinem Haus und uns Mietern zu schauen. Er hat gehört, dass ein Erzbischof sein Gast ist, und würde diesem gerne die Ehre erweisen. Entsprechend enttäuscht ist er, dass Bischof Simon noch auf dem Internationalen Kongress zur Barmherzigkeit weilt, der zeitgleich in Kigali stattfindet und der eigentliche Anlass seines Ruandaaufenthaltes ist. Zufällig stehe ich gerade an der Tür, als „Le Patron", wie ihn seine Angestellten nennen, die Treppe seines im kolonialen Stil gebauten Hauses hochkommt. Er fragt interessiert, wer ich denn sei, und als ich antworte, dass ich ein Buch über Bischof Simon und seine Mitstreiter schreiben wolle, ist sein Interesse geweckt. Und ich bekomme einen Einblick, wie ein reiches Leben in Afrika aussehen kann. Denn sogleich erzählt der Hausbesitzer von seiner Zeit in Europa: Er hat in Russland studiert und war oft in Ostdeutschland. Das riesige Haus sollte der Familienstammsitz werden. Seine Kinder aber zogen das Leben in Europa oder in Kanada vor und so baute er für sich und seine Frau ein neues, kleineres Haus. Jetzt verstehe ich, warum das große Haus, in dem wir wohnen, verfällt, seinem Besitzer ist es schlicht egal geworden. Was ihn nicht daran hindert, noch Kapital daraus zu schlagen. Schon wieder muss ich an die Hausangestellten in dem kleinen Verschlag denken. Und je mehr ich höre, desto dicker wird ob so viel Ungerechtigkeit der Kloß in meinem Hals.

Eine Woche am Stadtrand von Kigali also. Die Sonne weckt mich früh – und ich bin froh darüber. So habe ich eine kurze Zeit am Tag für mich. Ich suche mir im Garten einen Platz, von welchem aus sich Kigali vor und unter mir ausbreitet. Die Stadt erwacht im Tal unter der Morgensonne und zum hellen Gesang der Vögel zum Leben. Im Garten duftet es nach Nadeln, Sommer und großblättrigen roten, wunderschönen und mir Naturbanausin leider unbekannten Blumen. Ein Moment Afrika für mich, seine neue Novizin. Bald werde ich zum Frühstück gerufen (es dauert ein paar Tage, bis die anderen mir erlauben, mich nicht nur bedienen zu lassen, sondern auch selbst mitzuhelfen) und dann warten auch schon die Geschichten des neuen Tages.

Das Haus am Stadtrand birgt unzählige Geschichten. Die der Menschen, die es in dieser Woche beherbergt, plus all der anderen, von denen die Menschen erzählen, lebenden Freunden und Angehörigen. Und noch viel mehr Toten. Ihre Geschichten lassen mein Herz brechen. Mit jeder neuen Erzählung von Hass und Gewalt, Ohnmacht und Verlust, Vergewaltigung und Tod bricht es mehr. Nicht, dass ich etwas anderes erwartet hatte.

Schließlich habe ich viele Jahre als Journalistin und Autorin zum Holocaust gearbeitet, in vielen Veranstaltungen, vor allem in Schulen, dazu gesprochen. Immer wieder werde ich gefragt, warum ich das tue oder ob ich es nicht mal leid wäre? Natürlich! Natürlich bin ich das Leid schon lange leid! Doch statt es zu ignorieren, buchstabiere ich dieses ungeheure, schreckliche Leid immer neu von vorne. Nicht gerne, aber in der festen Überzeugung, dass dieses Erzählen wirklich wichtig ist. Denn, was ich eingangs über die Liebe und die Größe, zu der Menschen wachsen können, geschrieben habe, gilt in gleicher Weise über die menschlichen Abgründe: Wenn wir davor zurückschrecken, nicht in sie hineinblicken wollen, wie können wir dann wissen, zu was wir Menschen fähig sind? Seitdem ich als Geschichtsstudentin in den „Abenteuer(n) des Simplicissimus" auf Schilderungen unfassbarer Grausamkeiten aus der Zeit des Dreißigjährigen Kriegs gestoßen bin, sind mir solche Brutalitäten immer wieder, in Vergangenheit und Gegenwart, in Europa und anderswo, begegnet. Die Bedingungen sind jeweils andere, jede Situation ist einzigartig – aber es sind die immer gleichen Bilder von entfesselter Gewalt und Sadismus, plünderndem, vergewaltigendem Mob oder bei lebendigem Leib aufgeschlitzten Bäuchen von Schwangeren. Schon lange frage ich mich, ob wir Menschen diese Abgründe einfach in uns tragen und diese wie Lawinen funktionieren: Lawinen kann man schließlich nur versuchen zu vermeiden. Einmal losgetreten sind sie kaum zu stoppen. Aber – um im Bild zu bleiben – bereit dazu, sich anzustrengen und auf Lawinengefahr zu achten, ist nur, wer weiß, wie Lawinen Menschen mitreißen, sie ersticken und unter sich begraben. Vielleicht, das ist die Hoffnung, ist dann die Bereitschaft höher, Gewalt entschlossen und mutig im Keim zu bekämpfen, Frieden im Kleinen zu üben.

Beides ist wichtig: das Licht, die Größe, zu der Menschen wachsen können, vor Augen zu führen und in die tiefsten Abgründe zu schauen – dann wird uns unser Menschenbild spiegeln, wozu wir selbst, im Guten wie im Bösen, in der Lage sind. Deswegen erzähle ich weiter vom Holocaust, besonders gerne in Schulen: Wenigstens einmal im Leben, finde ich, soll jeder Mensch die Chance haben zu erfahren, zu welchen Gewaltexzessen Menschen fähig sind. Welches unfassbare Leid Menschen über Menschen bringen können.

Ich bin also nicht einfach nur naiv aufgebrochen, musste zumindest eine Ahnung haben, was mich bei einer Recherchereise zum Völkermord erwarten würde. Soweit ich mich vorbereiten konnte, war mein Herz gerüstet, wusste, dass es brechen würde.

Nicht gerüstet ist mein Herz aber dafür, so viel Mut zu finden. Und so viel Liebe. So viel Entschiedenheit, Leid und Grausamkeit nicht das eigene Leben vergiften zu lassen. Leben zu wollen, trotz des vielen Leids. Damit das Leben, dieses eine, einzige, kostbare Leben, das jeder von uns nur hat, auch ein Leben ist. Eines, das diesen Namen verdient. Eines, das wieder voller Liebe sein kann. Dazu gehört so viel Mut. Mut, Taten und Tätern ins Gesicht zu schauen. Mut, als Opfer den ersten Schritt zu machen. Aktiv den Kontakt zu den Tätern zu suchen. Und so viel Liebe: Liebe zum eigenen Leben, Liebe zu den Leben der anderen. Mein Herz findet hier so viel Menschenmut wie Menschenliebe. Und sieht, wie beides die verwundeten Herzen heilt.

Mein Herz stößt auf die Geschichten, die Bischof Simon für mich ausgewählt hat, indem er meine Bitte erfüllte, dass ich mit Opfern und Tätern sprechen wollte. Nur aus den Erzählungen von beiden kann ein Bild entstehen, das, vielleicht, eine Annäherung an die Gräuel ermöglicht. Darunter die von:

Joséphine, die als Kind mit ihren Geschwistern vierzehn Tage auf dem Bürgersteig vor dem Gefängnis ausharrte, in dem ihre schwangere Mutter eingesperrt war, nachdem ihr Vater, Hutu und leitender Beamter im Wirtschaftsministerium, in der ersten Völkermordwelle 1972 erst abgeholt und dann ermordet worden war. Ihre Söhne sind in der neuen Krise im Sommer 2015 nach Uganda geflohen. Nachdem tausende junge Schüler und Studenten auf die Straße gegangen waren, um gegen die illegale dritte Amtsperiode des Präsidenten zu protestieren, reagierte die

Regierung mit brutaler Gewalt gegen jede reale oder auch nur vermutete Opposition. Ihnen blieb also nur die Flucht.

Josianne, die als 16-Jährige nach einer Vergewaltigung schwanger und von ihrer Familie verstoßen wurde. Im Versöhnungswerk von Erzbischof Simon hat sie eine neue Familie gefunden und gerade ihren Universitätsabschluss gemacht. Ihre 15-jährige Tochter ist auf dem Weg zum Abitur.

Emmanuel, der in der Krise 1993 vom Bibelkatecheten zum Mörder wurde. Und mir sechs lange Stunden erzählt, wie er, ein Hutu, sich als junger Mann drei Tage isoliert hatte. Er in diesen drei Tagen durch sein Zimmer getigert und immer und immer wieder die systematische Unterdrückung der Hutus durch die Tutsis durchdacht hatte. Er seine eigene Perspektivlosigkeit sah, oktroyiert von den Tutsis, die intellektuellen Genozid an den Hutus verübten, und damit auch ihn vom Studium ausgeschlossen hatten. Nach drei langen Tagen sah er nur noch eine Lösung: ein für alle Mal die Unterdrücker zu beseitigen. Er erzählt, wie er das Haus verließ, sich dem mordenden Mob draußen anschloss und drei Menschen, seine Nachbarn, mit seiner Machete tötete. Wie erschüttert er war, als er wieder zur Besinnung kam. Wie er erst ins Ausland floh und sich später stellte. Von tausenden Mördern war er der Einzige, der sagte: Ich habe es getan. (Ich stelle mir vor, in der Nachkriegszeit hätten führende Nazis zugegeben: Ich habe Synagogen angezündet, Deportationen veranlasst, Kinder ins Gas geschickt. Oder auch, dass „Mitläufer" zugegeben hätten, wie sie den Nachbarn denunzierten, der die Hand nicht zum „Hitlergruß" erhoben habe …) Emmanuel hat den Familien seiner Opfer während seiner Zeit im Gefängnis Briefe geschrieben, mit ihnen gesprochen und um Verzeihung gebeten.

Jules, der einzige Ruandese in Erzbischof Simons Werk. Ein junger Tutsi, der mit zehn Jahren erlebte, wie sich 1994 in Ruanda seine Hutu-Nachbarn, unter denen er friedlich aufgewachsen war, Väter seiner Freunde, Paten seiner Geschwister, auf ihn und seine Familie stürzten. Der dachte, dass er nie wieder mit einem Hutu sprechen, nie den Hass in seinem Herzen gegenüber den Hutus überwinden könnte. Und der heute, ausgerechnet im Werk des Hutu-Erzbischofes Simon Ntamwana, Priester werden will. In diesen Tagen bereitet Jules sich darauf vor, zum Hügel seiner Heimat zu reisen und mit den Hutu-Familien zu sprechen, die ihm damals alles Vertrauen ins Leben raubten.

Oder **Adèle,** die so tapfere, mutige Adèle: Mit eingeschlagenem Kopf und fast abgetrenntem Arm lag sie im Massengrab, galt als tot. Die zuvor zuschauen musste, wie ihr Baby Schweinen zum Fraß vorgeworfen wurde, und die trotzdem, als ihre Henker abzogen, nicht einfach liegenblieb, um zu verbluten. Sondern aufstand, die Leichen über sich beiseiteschob, blutüberströmt Hilfe suchte. Deren rechter Unterarm amputiert werden musste, die deswegen nicht mehr als Lehrerin arbeiten durfte. Selbst diese geschundene Adèle sagt: „Ich lebe doch. Warum soll ich das mit vergiftetem Herzen tun? Warum, wenn ich schon all das erleben musste, soll ich jetzt nicht ein Leben führen, dass diese Bezeichnung auch verdient?" Heute hat Adèle vier Kinder. Und sechs Waisenkinder aufgenommen. Das jüngste ist sechs Monate alt. Es lag einfach verlassen am Straßenrand. Sie hat es aufgehoben und nach Hause getragen.

Oder die Geschichten der Flüchtlinge in Ruanda. 400 000 sind seit der aktuellen Krise in die Nachbarländer geflohen. Hunderte davon habe ich beim Exilantentreffen beobachtet, das während des großen Kongresses zur Barmherzigkeit in Kigali organisiert wurde und wohin ich Bischof Simon begleitet habe. So viele junge Menschen, um die zwanzig Jahre alt. Alle werden so lange bleiben müssen, wie Pierre Nkurunziza in Burundi an der Macht bleibt. Was sehr viel länger als die seinem Volk im Sommer 2015 aufgezwungene dritte Legislaturperiode von fünf Jahren sein kann. So viele zerstörte Biografien so junger Menschen. Einer ganzen neuen Generation. So viele neue Wunden.

All diese – und alle weiteren – Geschichten (insgesamt sind elf enge Mitarbeiter des Bischofs nach Kigali gereist, um mir ihre Geschichten zu erzählen), die ich in dem Haus am Stadtrand von Kigali zu hören bekomme, haben eines gemeinsam: All diese Menschen lieben Erzbischof Simon. All diese Menschen sind an einem Punkt ihres Lebens, an dem sie Hilfe brauchten, Erzbischof Simon begegnet, der half, wo er konnte. Der ihr Leben änderte und zum Guten wendete. Die Menschen lieben Erzbischof Simon so sehr, dass sie alles für ihn tun würden. Und mit „alles" meinen sie alles, selbst ihr Leben würden sie für ihn geben. Denn Erzbischof Simon lebt seit über 40 Jahren in Lebensgefahr. Steht unter Polizeischutz, ist zahlreichen Mordversuchen, Hinterhalten und Attentaten entronnen. Sein muslimischer Fahrer Yusuf antwortet mir auf meine Frage, warum er, ein Familienvater, nicht einfach jemand anderen fährt, was ich in Variationen immer wieder höre: „Das würde ich niemals tun. Lieber bin ich bei ihm. Wenigstens kann ich mich dann vor ihn stellen." Schwester Godelive, die zentrale Person im Versöhnungswerk von Bischof Simon, hat genau das schon mal getan: Sie hat sich zwischen ihn und einen Attentäter, der ihn umbringen wollte, gestellt. Doch dazu später mehr.

Wer ist dieser Mann, den die Menschen so sehr lieben, dass sie für ihn sterben würden? Dieser Erzbischof, der, damit er pünktlich zum Kongress kommt, jeden Morgen um 6.25 Uhr vom Frühstückstisch aufsteht, seine Aktentasche nimmt und mit sehr geradem Rücken zum Auto geht, in dem sein muslimischer Fahrer Yusuf schon mit laufendem Motor auf ihn wartet. Dieser so sehr geliebte Erzbischof Simon Ntamwana wurde am 3. Juni 1946 in Mukenke in Burundi geboren.

3. Afrikanische Kindheit: behütet in den Hügeln

„Meine Mutter trug mich auf ihrem Rücken
Mein Vater schaute mich an und lächelte im Stillen
Ich war sein Stolz
Seine Fortsetzung
Die Spur seines Durchganges durch die Geschichte
der Menschen(...)
Mein Vater liebte mich
Meine Mutter liebkoste mich
Das kleine Wesen, das ich war, lächelte."[5]

MICHEL KAYOYA

Eltern und Kindheitsglück, Krankheit und Armut, Bildung und Berufung, Ungerechtigkeit und Gewalt, diese vier großen Themen prägten die Kindheit von Ntakimazi Simon Ntamwana. Er erzählt sie so:

Meine Großeltern gaben meinem Vater den Namen Ntamwana. Kaum geboren, wäre er fast gestorben: Ein großer Abszess am Hals bedrohte sein Leben. Seine Eltern waren überzeugt, er würde sterben. Deshalb nannten sie ihn Ntamwana, was in etwa bedeutet:

---

5   Michel Kayoya: Auf den Spuren meines Vaters, Jugenddienstverlag, 1973, S. 94f.

„Dieses geliebte Baby wird nicht groß werden, wir haben keine Kinder", wörtlich heißt es: „Es gibt kein Kind im Kind". So wollten sie sich vor einem weiteren Verlust schützen. Die Kindersterblichkeitsrate war hoch. Zu ihrem Erstaunen aber überlebte mein Vater, wuchs heran und gründete mit meiner Mutter eine neue Familie. Auch die 40er-Jahre des letzten Jahrhunderts, als ich auf die Welt kam, waren schlechte Zeiten. Von 1940 bis 1945 herrschte in Burundi eine Hungersnot. Es gab noch keine Schutzimpfungen, viele Kinder, wie meine drei vor mir geborenen Geschwister, zwei Brüder und eine Schwester, starben sehr früh. Meine Brüder starben mit zwei, meine Schwester mit sieben Jahren. An meine Schwester kann ich mich noch gut erinnern. Auch wenn ich das lang ersehnte Kind nach den vorhergehenden Verlusten war, versuchten meine Eltern, sich, wie meine Großeltern auch, vor einem neuen Schmerz zu schützen. So nannten sie mich Ntakimazi, „Nichtsnutz". Also war ich Ntakimazi Ntamwana, ein Nichtsnutz des Kindes, in dem kein Kind war. So viel Pessimismus! Und doch nur Spiegel des harten Lebens, mit dem meine Eltern konfrontiert waren. Ich war also das vierte Kind einer Hutu-Familie mit insgesamt 11 Kindern, von denen drei Jungen und drei Mädchen überlebten.

Mein Vater war ein ungewöhnlicher Mann, er konnte lesen und schreiben, sprach Französisch und sogar etwas Latein (er hatte „De Bello gallico" auswendig gelernt!). Mein Vater war als kleiner Junge zu den Missionaren ins „Kleine Seminar" nach Mugera geschickt worden, er wollte Priester werden. Dazu ist es aber nicht gekommen. In den Archiven der Missionare habe ich Unterlagen gefunden, die bezeugten, dass er ein brillanter Schüler war – aber einen Fehler gemacht hat, als er zusammen mit anderen Seminaristen Wasser für die Schule an einer Quelle holen musste. Auf dem Rückweg haben sie sich von einem Arbeiter im Seminar dazu verführen lassen, Bier zu trinken, was strikt verboten war. Als mein Vater mit den anderen verspätet und mit Bierfahne zurückkam, wurden sie des Seminars verwiesen. Aber alle schlechten Dinge haben ihr Gutes. Ohne diese Verfehlung meines Vaters wäre ich schließlich nicht auf die Welt gekommen. Mein Vater war mir immer ein großes Vorbild: Er war fleißig, aufrichtig, sozial engagiert, und er hat sehr für Burundis Unabhängigkeit gekämpft. Des Seminars verwiesen, ist er Lehrer geworden, hat seine Berufung jedoch nie vergessen. Er liebte es, mit uns Kindern in der Bibel zu lesen. Und er war es auch, der mich an meinem ersten Schultag lehrte, was Vergebung bedeutet. An diesem Tag hätte ich fast ein Auge verloren, weil ein anderes Kind mir einen dornigen Rosenzweig ins Gesicht geworfen hatte. Mein Vater ging daraufhin zu der Familie des Jungen, schimpfte ihn aus und versöhnte sich anschließend mit ihm. Wobei versöhnen nicht vergessen bedeutet, im Gegenteil. „Sich zu versöhnen, bedeutet, sich anders zu erinnern, sich so zu erinnern, dass alle eine Zukunft haben", hat mein Vater an diesem Abend zu mir gesagt, ich habe es ob der dramatischen Umstände nie vergessen. Wer Vergebung verweigert, lässt sein Herz verwildern. Dieses Wissen sollte meinen späteren Lebensweg ebnen.

Meine Mutter war mir auf ihre Art ein Vorbild. Sie war vor allem liebevoll und großzügig, eine außergewöhnlich liebenswürdige Person. Sie konnte lesen, aber nicht schreiben. Sie teilte mit denen, die es brauchten. So haben wir zum Beispiel meine ganze Kindheit über mit einer Frau, Bwoba hieß sie, zusammengelebt. Sie war von ihrem Mann verstoßen und von meiner Familie, ohne dass es familiäre Bindungen gab, einfach aufgenommen worden. Unser Haus war ein offener, ein einladender Ort. Sonntags kamen viele Freunde und Bekannte zu uns. Meine Mutter hieß die Menschen willkommen, bediente sie freundlich und gerne mit Urwarwa, Bananenbier. Ich sehe mich noch mit den Kindern des großen Chefs Ntidendereza Jean

Baptiste, dem Chef unserer Provinz Mukenke, spielen. Wir waren gleich alt und wuchsen wie Brüder auf.

Ich hatte also eine glückliche, aber arbeitsreiche Kindheit. Ich wuchs in einer „Colline", wie wir sagen, also auf einem der Hügel auf. Die Menschen lebten auf den Hügeln in Dörfern zusammen, rundherum die Felder. In einem solchen Dorf hatten meine Eltern eine Hütte, für damalige Verhältnisse ein Haus, ein großes sogar, und eine Fläche für das Vieh. Mein Vater ermöglichte uns ein gutes Leben. Er gab seinen Lehrerberuf irgendwann auf, um in der Provinzverwaltung als Beamter zu arbeiten und mehr Geld zu verdienen. Dennoch wuchs ich in Hungerzeiten heran und mit dem besonderen Bewusstsein, das älteste Kind zu sein, also Verantwortung übernehmen zu müssen. Nach Schulschluss um 14 Uhr musste ich direkt nach Hause, denn ich war verantwortlich für alle Arbeiten im Haushalt: So lernte ich unter anderem das Kochen und wie man Milch verarbeitet, hütete das Vieh und half auf dem Feld. Mein Bruder Michel, der schon alt genug dafür war, unterstützte mich dabei. Wenn die Arbeit getan war, lernte ich mit Michel und Laurent für die Schule. Meine kleinen Schwestern Générose, Marie und Epiphanie waren ruhige Kinder. Da sie noch recht klein waren, hatten wir Jungs nicht so viel mit ihnen zu tun.

Mein Vater hatte sich immer einen Sohn gewünscht, der Priester werden würde. Sein Sohn sollte den Weg gehen, den er selbst so gerne gegangen wäre. Und in der Tat habe ich diesen Wunsch schon sehr früh in mir gespürt. Ich erinnere mich, dass ich noch ganz klein war und mit meiner Mutter zur Sonntagsmesse ging. Nach der Messe begrüßte der Priester Ferdinand Périsse, der meinen Vater gut kannte, meine Mutter. Als er mich sah, gab er mir ein Bonbon. Ich weiß noch, wie verwundert ich war, normalerweise musste ich für ein Bonbon einen halben Centime bezahlen! Ich fragte meine Mutter, wer dieser Mann sei, der mir einfach so ein Bonbon schenkte. „Mein kleiner Simon. Dieser Mann ist ein Priester. Er liebt alle Menschen", war ihre Antwort. In meinem kleinen Kinderköpfchen beschloss ich schon damals, so wie er zu werden, wenn ich groß bin: ein Mann, der alle Menschen liebt und der den Kindern Bonbons schenkt. Ich war so überrascht von der Güte dieses Mannes, der einfach liebte. Und das ist es doch, was Christen ausmacht: die Liebe, die nichts verlangt.

In der Schule kam ich gut zurecht, das Lernen fiel mir leicht, ich war Klassenbester. Nach der Grundschule durfte ich deshalb frei wählen, welche weiterführende Schule ich besuchen wollte. Aber auch wenn er noch diffus war, so hatte ich doch schon den Wunsch, Priester zu werden und entschied mich 1959 für das Knabenseminar in Mureke. Es wurde das „petit seminaire", das Kleine Seminar, genannt, weil die Schüler auf den Priesterberuf vorbereitet werden sollten. Die Schule war weit weg, ich musste also im Internat bleiben. Den Weg dorthin lief ich drei lange Tage zu Fuß hin, drei lange Tage zu Fuß in den Ferien zurück. Unterwegs, so war es Brauch, konnte ich überall um einen Schlafplatz bitten und etwas zu essen und zu trinken bekommen. Ganz ungefährlich war der Weg aber nicht. Einmal sind wir Internatsschüler mitten in der Nacht von unserem Gastgeber angegriffen worden und mussten um zwei Uhr morgens in der finsteren Dunkelheit zurechtkommen. Und einmal ist mir meine Größe (ich war schon als Junge hochgewachsen) beinah zum Verhängnis geworden: 1959 war die Lage angespannt, in Ruanda gab es blutige Unruhen und viele Menschen flohen nach Burundi. Die Tutsis sind häufig größer als Hutus, und ein paar Bauern hielten mich damals wegen meiner Größe für einen Tutsi aus Ruanda und wollten mich angreifen, ließen sich aber dann doch überzeugen, dass ich ein Landsmann auf dem Weg nach Hause war.

Im Kleinen Seminar war alles neu und anders. Wir wurden von Missionaren, den Weißen Vätern, und einigen Pfarrern erzogen. Beim Thema Disziplin spaßten sie nicht: In den Studienzeiten wurde strengste Ruhe verlangt. Aber wir sind gut behandelt worden. Nie vergessen werde ich auch, als wir zum allerersten Mal einen Film gezeigt bekamen. Für mich war das magisch, fast irreal.

Das Lernen fiel mir immer noch leicht, ich liebte vor allem die Sprachen und die Naturwissenschaften.

Unterdessen kam es im Kampf um Burundis Unabhängigkeit (bis Burundi 1962 unabhängig wurde, war es eine belgische Kolonie) zu den ersten blutigen Unruhen. Mein Vater stand dem großen Chef Ntidendereza Jean Baptiste nah. Er war Mitglied dessen Partei PDC, der Partei der christlichen Demokraten. Aber diese Partei verlor die Wahlen 1961. In unserer Provinz hatten die meisten Menschen für die Partei der Unabhängigkeit gestimmt. Die christlichen Demokraten wollten die Niederlage jedoch nicht hinnehmen, straften die Menschen, die anders gewählt hatten, ab. Es gab ein Massaker mit mehr als 1000 Toten. Ich erinnere mich, dass ich auf dem Heimweg vom Internat an Ostern das erste Mal mit blutiger Gewalt konfrontiert war: Ich sah brennende Häuser und Tote auf den Straßen. Für meinen Vater waren diese Massaker der Beginn von großen Schwierigkeiten, denn er hatte sich geweigert, daran mitzuwirken. Als Teil der Provinzverwaltung wurde von ihm jedoch Schulterschluss mit seinen Parteifreunden erwartet. Nicht nur, dass mein Vater die Massaker verachtete und sich dagegenstellte, er sagte im Anschluss auch gegen die Täter, seine früheren Freunde und Kameraden, aus. Im Zuge dessen bekam mein Vater viele Probleme: Er verlor seine Stelle in der Verwaltung und wurde aus der Partei von Ntindendereza ausgeschlossen. Er machte sich dann mit einem kleinen Geschäft selbstständig.

Am 1. Juli 1962 wurde Burundi endlich unabhängig. Meine Eltern freuten sich natürlich, auch wenn die Unabhängigkeit keinen Einfluss auf unser tägliches Leben hatte. Ich war noch zu jung, zu unpolitisch, ich kann mich nur erinnern, dass wir uns an dem Tag im Hof der Schule zu einem Foto aufgestellt haben.

Am 13. Oktober wurde der Ministerpräsident Louis Rwagasore, ein Sohn des Königs, ermordet. Er hatte UPRONA gegründet, die zur wichtigsten Partei Burundis werden sollte. Allerdings erst in ihrer späteren Phase. Zu Beginn war es eine Volkspartei, für alle Burunder offen, später mutierte sie zu einer extremistischen Tutsi-Partei. Der Tod dieses Ministerpräsidenten gilt als ein wesentlicher Grund für die Jahrzehnte der Gewalt, die Burundi bevorstanden. Seit dessen Tod wurde unser Leben immer unsicherer, die Spaltung aus dem Volk aller Burunder in Hutus und Tutsi begann und vertiefte sich, als man 1964 den neuen Premierminister, einen Hutu, umbrachte. Schon 1965 gab es das zweite Massaker, ca. 3000 Menschen wurden umgebracht. Ich war politisch noch nicht wach, ich hörte nur, dass Hutus sich hätten rächen wollen. Viele Hutus wurden verhaftet und gehängt. Die Führungsschicht der Hutus wurde praktisch geköpft. Und natürlich wuchsen so Wut und Rache. 1966 kam es zum Putschversuch gegen den König, daraufhin wurde sein ältester Sohn inthronisiert, kurze Zeit später jedoch ebenfalls weggeputscht. Die innere Logik der Ereignisse führte die Hutus in die Rebellion, sie hatten das Gefühl, dass alle Nicht-Tutsis einfach ins politische und gesellschaftliche Abseits gedrängt wurden.

In diesen unruhigen Jahren wechselte ich 1963 in die Hauptstadt Bujumbura aus dem „Kleinen Seminar", dem Knabenseminar, ins „richtige Priesterseminar" und entschied mich damit endgültig dafür, meiner Berufung zu folgen und Priester zu werden. Äußerlich sichtbar wurde meine Entscheidung durch das Tragen der Sutane, die ich gerne und auch ein bisschen stolz trug. Nicht jeder meiner Mitschüler war sich seiner Berufung so sicher. Hatte ich im Knabenseminar noch mit 160 Mitstreitern begonnen, waren wir am Ende nur noch zu zweit im Priesterseminar. Viele Mitschüler haben sich zum Beispiel politischen Posten zugewendet, die nach den Putschen und dem Ende der Monarchie zur Verfügung standen. Außerdem ging damals in Rom das Zweite vatikanische Konzil zu Ende und mit ihm tobte ein Sturm durch unser Seminar. Die alte Ordnung wurde infrage gestellt, besonders umkämpft waren die Ausgehzeiten bis 18 Uhr, die Zeiten der Stille – es war eine regelrechte Meuterei. Und es war der Anfang einer großen Krise der Priesterberufungen in Burundi, die bis 1976 andauerte. Erst danach nahm die Zahl der Priesterkandidaten wieder deutlich zu. Mich selbst hat dieser Sturm nicht sonderlich angefochten. Was meine Mitbrüder forderten, interessierte mich ganz einfach nicht. Sie wollten zum Beispiel mehr Zeit in der Stadt verbringen dürfen. Aber in der Stadt umherzulaufen, bedeutete mir gar nichts. Wenn ich in die Stadt ging, dann in die Buchhandlung. Deswegen nannten sie mich „Bibliotheksratte". Am Ende des akademischen Jahres 1966/67 bekam ich Besuch von meinem Bischof A. Makarakuza. Er sagte: „Simon, ich möchte, dass du ab September in Rom weiterstudierst."

4. Eine wunderbare neue Welt: Rom

„Der Mensch ist immer im Werden.
Aus seinen Lebensumständen heraus bildet er sich.
Er wird immer mehr Mensch, in jeder Lage schreitet er auf
Den Wegen seiner Kleinheit der Größe entgegen."[6]

Michel Kayoya

Meine Eltern waren unglücklich über die Entscheidung des Bischofs, dass ich nach Rom gehen sollte. Sie legten sogar Einspruch bei ihm ein. Damals war es noch nicht so wie nach der Krise von 1993/94. Seither träumen viele junge Menschen (und ihre Eltern) von einem Leben im Ausland. Viele Tausende sind nach Europa, nach Belgien, Schweden oder Dänemark, in die USA oder nach Kanada ausgewandert. Aber für unsere Eltern in den 60er-Jahren war Europa eine unbekannte Welt, vor deren unbekanntem Einfluss sie eine diffuse Furcht hatten. Sie bangten auch um ihr Kind: so weit weg, und das ganz alleine.

Aber für mich war es anders, für mich war es ein großes Abenteuer, das Gott mit mir vorhatte. Ich fühlte mich eher mit Abraham verbunden, zu dem Gott gesagt hatte: „Verlass dein Haus und das Land deiner Eltern. Geh in das Land, das ich dir zeige." Europa war

---

6   Michel Kayoya: Auf den Spuren meines Vaters, Jugenddienstverlag, 1973, S. 71.

ganz weit weg für mich, ich hatte überhaupt kein Bild davon vor Augen. Wenn überhaupt, dann nur durch die wenigen Europäer, die bis nach Burundi gekommen waren.

Und so begleitete meine Familie mich am Tag des Abschieds zum Flughafen. Meine erste Flugreise stand bevor. Da ich zuvor noch nie in Bujumbura, der Hauptstadt Burundis, gewesen war, kannte ich riesige Straßen, Menschenmengen und große Gebäude nicht. Dementsprechend beeindruckt war ich von dem Flughafengebäude, das damals eigentlich winzig klein war, mir jedoch riesig vorkam. Das ganze Prozedere der Sicherheitskontrolle und Gepäckaufgabe durchlaufen, stand ich dann am Gate und erfuhr, dass unser Flugzeug nicht starten konnte. Ein Vogel hatte sich in den Flugzeugmotor verirrt, wir mussten warten, bis der Schaden repariert war. Spätabends sagten uns die Techniker, dass der Abflug auf den folgenden Tag verschoben werden musste.

Aus dieser neuen Situation ergab sich ein ganz neues Abenteuer. Außer mir waren noch vier Seminaristen aus Burundi auf dem Weg nach Rom. Einer von uns wollte die gewonnene Zeit nutzen und noch einmal zu den Seinen auf einem Hügel in der Nähe von Bujumbura gehen. Das wäre auch gar kein Problem gewesen – wenn uns nicht plötzlich gesagt worden wäre, dass der Flug auf vier Uhr in der Frühe festgelegt worden sei. Seit dem Sturz der Monarchie herrschte Ausgangssperre, niemand durfte nachts auf den Straßen unterwegs sein. Und wir mussten jetzt den Militärs erklären, warum wir die Ausgangssperre verletzt hatten. Das war sehr schwierig, aber schließlich konnten wir alle fünf nach Rom fliegen. In Brüssel hatten wir eine Nacht Aufenthalt. Was für eine neue, uns völlig unbekannte Welt: herrliche, frisch bezogene, riesige Betten, Türen, die sich automatisch öffneten, Kabinen, die einen in obere Stockwerke brachten, Autobahnen, Hochhäuser. Es war eine aufregende Nacht! Der nächste Morgen war dann jedoch eher ernüchternd. Bei unserer

Ankunft in Rom erwartete uns niemand. Ein italienischer Taxifahrer, ein Schurke, hat uns unsere Unerfahrenheit scheinbar angesehen und von jedem Einzelnen von uns, also von allen fünfen, den vollen Fahrpreis vom Flughafen in die Stadt verlangt.

Aber dann waren wir da, in der Via Torre Rossa 40, im Collegio de Propaganda Fide. Hier würde ich also während der drei Jahre meines Philosophiestudiums wohnen. Insgesamt sollte es, bis auf drei Monate, ein ganzes Jahrzehnt in Rom werden.

Für einen Frankofonen ist es leicht, Italienisch zu lernen. Wir studierten entweder auf Italienisch oder in Latein. Deshalb dauerte es nicht lange, bis ich mich in der Landessprache wohlfühlte. Dazu beigetragen hat sicher auch die Tatsache, dass Rom mich vom ersten Moment an enorm beeindruckt hat. Die Offenheit der Italiener hat mich genauso fasziniert wie die Weltoffenheit der Kirche: Wir waren 300 Seminaristen aus 65 verschiedenen Nationen! Die Seminaristen kamen von überall her: aus Japan und Indien, aus Thailand und dem Balkan, aus Lateinamerika und aus den USA ... die Vielfarbigkeit der Menschheit ist das schönste Geschenk, das Gott uns gemacht hat.

Unser Regens, das ist der Direktor des Seminars, hat immer auf eine Verständigung zwischen den Nationen geachtet. Jeweils 24 Seminaristen waren in einem Stockwerk untergebracht. So hatte jeder genügend Freiraum, sich zu entspannen, und jede Kultur hatte ihren Platz. Jeder von uns durfte einmal im Jahr in seiner Heimatsprache zelebrieren. Und wir spielten gemeinsam Spiele aus den verschiedenen Heimatländern. Diese unglaublich erfüllende Zeit in Rom ist der Hauptgrund, warum mich der Ethnozentrismus hier in Burundi und die Anschuldigungen, ich würde mich allen gegenüber öffnen, kalt lassen: Unsere Herzen sind in diesen Jahren kosmopolitisch, universell geworden.

Und mein Glaube hat sich gefestigt. Man sagt ja: „A Roma si trova fede o a Roma si perde", „In Rom findet man seinen Glauben oder man verliert ihn". Ich musste meinen Glauben nicht in Rom finden, ich hatte ihn ja schon. Aber ich habe ihn in Rom auch nicht verloren, im Gegenteil, er ist dort stärker geworden. Die Jahre in Rom waren eine wunderschöne, tiefe Erfahrung für mich.

Nur einmal, 1970, am Ende meines Philosophiestudiums, machte ich drei Monate Urlaub in Burundi. Ansonsten fand der Kontakt zu meiner Familie nur mittels Briefen statt. Umso schöner war es, meine Eltern und meine Geschwister wiederzusehen. Sie alle waren in Sorge um mich, lebte ich doch in einer Welt, die sie sich kaum vorstellen konnten. Sie selbst durchlebten turbulente, teils bedrohliche Zeiten in Burundi. Die Unruhen von 1969 hatte ich aus der Ferne kaum mitbekommen. Doch nicht nur auf politischer Ebene, auch im privaten Umfeld mussten meine Eltern kämpfen: Mit mir einen Sohn zu haben, der in Europa lebte, dort wo es so viel Geld gab, brachte ihnen manch neidvollen Kommentar ein. Aber über all das verloren sie kein Wort zu mir, sie freuten sich einfach nur, mich zu sehen. Wir arbeiteten auf dem Feld und im Haus zusammen wie in meinen Kindertagen. Ich nutzte die Zeit, meinen Bruder Michel wieder näher kennenzulernen, der zu der Zeit die Oberschule besuchte. Zu dem Zeitpunkt ahnte ich nichts. Ich wusste nicht, dass ich sie alle zum letzten Mal sehen würde.

5. Aus der Ferne ohnmächtig zuschauen: der „erste" große Völkermord

„Wie können wir die Hunderte von Löchern
in unseren Herzen heilen, die daher rühren,
dass wir Menschen so fragile Geschöpfe sind?"[7]

DESMOND TUTU

Zurück in Rom freute ich mich auf mein Theologiestudium, das ich 1973 beendete. Danach promovierte ich eineinhalb Jahre lang in Philosophie. Es war eine aufregende Zeit für die Kirche, in den Jahren nach dem Konzil wurde vieles infrage gestellt. Aber für mich waren es die Jahre, in denen mir endgültig klar wurde, dass ich Priester werden wollte. Nichts sonst. Was meine Entschlossenheit stählte, war das ethnische Kriegsdrama von 1972.

In Europa nennen wir dieses Kriegsdrama den „ersten" großen Völkermord in Burundi. Bischof Simon widerspricht entschieden, aus seiner Sicht ist das viel zu einfach. Um ihn zu verstehen, versuche ich es nach allem, was er mir erklärt hat, mit einem Bild: Ob man denn von einem Feuer, einem Brand sprechen könne,

---

7   Desmond und Mpho Tutu: Das Buch des Vergebens, Vier Schritte zu mehr Menschlichkeit, Allegria Verlag, 2014, S. 12.

der, einmal gelegt, nie mehr richtig gelöscht werden konnte? Sondern mal kleiner, mal höher auflodert. Mal ein schwelender Flächenbrand ist, und mal, plötzlich, ein Funke kann schon ausreichen, zu einem Flammeninferno wird? Und diese Flammeninfernos, also die Völkermorde 1972 und 1993/94, schaffen es dann in den Aufmerksamkeitsfokus von uns Europäern? Bischof Simon ist einverstanden – ja das Bild könne er gelten lassen – und fasst die Entwicklung noch mal zusammen:

Drei große Katastrophen bereiteten den Weg zum Völkermord 1972. Die erste war die Ermordung des Premierministers, des Prinzen Louis Rwagasore 1961, die zweite wiederum die Ermordung des Premierministers, Pierre Ngendandumwe 1965. Und schließlich hat der Staatsstreich von 1966, der zugleich das Ende der Monarchie bedeutete, eine große Wunde in die Bevölkerung gerissen. Und immer, damals wie heute, werden die gleichen schrecklichen Wege gegangen, um das Problem zu „lösen": unterdrücken, zum Schweigen bringen, umbringen. Es gibt immer nur „Endlösungen", die keine Lösungen sind, sondern alles nur noch schlimmer machen.

Diese Entwicklung konnte mir auch im von Burundi so weit entfernten Rom nicht verborgen bleiben: Immer mehr belgische und französische Zeitungen berichteten über Spannungen und Unruhen, ich hörte das Programm von rfi (Radio France Internationale) – und dann waren da auch noch die Briefe meines Vaters. Mittlerweile hatte er sich aus der Politik zurückgezogen, auch seinen kleinen Laden aufgegeben und arbeitete als einfacher Pfarrsekretär. Er hat sein Leben spiritueller werden lassen, sich viel Zeit fürs Gebet genommen. Über die Jahre habe ich mehr als 40 Briefe, die ich wie einen Schatz verwahre, von meinem Vater bekommen. Darin erzählt er mir von dem vergifteten Klima in Burundi, einem Klima, in dem jeder jeden verdächtigte. Es war die Zeit, in der das Regime die schreckliche Polizei der „nationalen Sicherheit" installierte, niemand konnte mehr frei sprechen. Ich saß in Rom und hatte Angst. Angst um meine Familie, Angst um mein Volk, Angst um mein Land.

Die Angst des jungen Theologiestudenten in Rom war mehr als berechtigt. Alle, wirklich alle meine Gesprächspartner in Kigali, haben mir ihre eigene Geschichte zur „Krise" oder den „Ereignissen von 1972", wie dieser und alle weiteren Bürgerkriege bis heute in Burundi verharmlosend genannt werden, erzählt. Als Bischof Simon ein junger Seminarist in Rom war, waren die meisten seiner heutigen Mitstreiter Kinder und Jugendliche. Umso mehr haben die Auswirkungen des Krieges von 1972 ihr Leben geprägt. Die Geschichten werfen Schlaglichter auf die Schicksale und Rollen aller Ethnien, zeichnen ein Kaleidoskop des Leides, das das burundische Volk sich selbst zugefügt hat. Und bis heute zufügt.

Auch Schwester Godelive, die ich in Kigali kennenlerne, erzählt mir ihre – leidvolle – Geschichte. Erfahren und humorvoll, sensitiv, aufmerksam und nachdenklich, leitet sie heute die Schwesternabteilung des Werkes, ist als Mutter Oberin für mehr als hundert junge Schwestern und Novizinnen verantwortlich. 1972 war Sr. Godelive, ein Hutu-Mädchen, zwölf Jahre alt. Sie wuchs auf dem Land auf und wurde von ihrem Vater ungewöhnlich gefördert. Nachdem auch als viertes Kind nur ein Mädchen und nicht der ersehnte Sohn auf die Welt kam, suchte der Vater sich zwar einerseits eine Nebenfrau, um endlich einen Sohn zu zeugen, andererseits trug er Sr. Godelive enorme Verantwortung auf und band sie so an sich: Sie, nicht die Mutter, musste zum Beispiel seine Sachen im Fluss waschen und später seine Hemden bügeln. Ihr Vater, ein Agronom, der in der

Provinz für die Bauern zuständig war, ihr Berater bei der Feldarbeit und den Ernteerträgen war, weihte Godelive in die Geheimnisse seiner Modellgärten ein. Seine Tochter musste dafür Sorge tragen, dass die neuen Teesorten oder andere neue Saaten gediehen. „Papa hat mich Verantwortung gelehrt – und das ist das, was ich heute mache: Ich trage die oberste Verantwortung im Werk, ich trage die Verantwortung für Monseigneur (Anmerkung der Autorin: Mit Monseigneur, also Monsignore, ist Bischof Simon gemeint. Alle im Werk nennen ihn so), ich muss mich um alles kümmern. Das habe ich bei der Arbeit für meinen Vater gelernt." Aber Godelives Vater tat noch etwas anderes, damals äußerst Seltenes: Er schickte Godelive in die Schule. Sie denkt bis heute mit Schrecken an die Anstrengung zurück, die der Schulweg für sie bedeutet hat. „Dass ein Mädchen zur Schule geht, war damals in Burundi noch ungewöhnlich. 14 Kilometer lang war eine Strecke bis zur Schule, wenn es regnete, hatte ich keine Zeit, mich unterzustellen. Zum Glück mussten wir damals die Hefte in der Schule lassen, so konnten sie nicht nass werden. Jeden Morgen musste ich um 6 Uhr in der Früh losgehen, um pünktlich um 8 Uhr in der Schule anzukommen. Um 16.30 Uhr liefen wir dann zwei Stunden lang die 14 Kilometer zurück. Die ganze Strecke bin ich gelaufen, jeden Tag die ganzen 28 Kilometer. Wir waren wenige Schulkinder, nur zu fünft von mehreren Hügeln."

Und es war ausgerechnet dieses Privileg, zur Schule gehen zu dürfen, das Godelive im Bürgerkrieg 1972 das zufügte, was sie „meine erste Wunde" nennt: „Meine erste Wunde war das Verschwinden meiner Lehrerin. Ich hatte eine tolle Lehrerin, liebevoll, klug, eine mutige Frau, und ich dachte: So will ich auch werden, wenn ich groß bin. Diese Lehrerin wurde 1972 abgeholt und kam nie mehr zurück. Sie wurde von einem Mann abgeholt, der sie heiraten wollte. Sie war wirklich eine sehr nette Frau. Vielleicht hat sie den Heiratsantrag abgelehnt, ich weiß es nicht. Aber ich vermute, sie haben einfach von der Krise profitiert, sie sind mit einem Auto gekommen …" „Hast du das gesehen?", will ich wissen, als wir uns in Kigali am Tisch gegenübersitzen. Ihre Stimme bricht, als sie, jetzt flüsternd, antwortet: „Ja, das habe ich gesehen. Alles, was ich gesehen habe, trage ich noch in mir. Vor unseren Augen wurde meine Lehrerin mit dem Auto geholt. Danach habe ich sie nie mehr wiedergesehen. Als wir an diesem Tag von der Schule nach Hause gingen, sahen wir LKW mit Beamten vorfahren, Hutus, die Männer und Frauen fesselten und sie einfach mitnahmen. Wie oft habe ich das später noch gesehen!" Jetzt weint Godelive offen. „Ich konnte das alles nicht verstehen. Und jedes Mal, wenn ich daran denke, muss ich mich versöhnen. Ich wusste, dass es schwer für mich werden würde, nach Ruanda zu kommen und dir all das zu erzählen. Alle diese Menschen habe ich ja gekannt. Sie nahmen nur die mit, die studiert hatten. Ich habe so viele Menschen sterben sehen, so viele. Ich habe zwei Mordwellen 1972 und 1994 gesehen. Zwei! Aber sie waren sehr unterschiedlich. Damals, 1972, musste ich zusehen, was sie dem Verantwortlichen der „Colline", dem Verwaltungschef der Gemeinde, zufügten. Er hatte Kinder und Enkelkinder, die alle Beamte oder Soldaten waren. Ich weiß noch, dass er an Neujahr 1972 seine große Familie, die sich versammelt hatte, anschaute und habe gehört, wie er zu ihnen gesprochen hat. ‚Seht meine Kinder', hat er gesagt, ‚niemand kann euch umbringen, da müsste schon ein Blitz vom Himmel kommen, um euch zu töten'. Und dann kam der April. Die Milizen brachten zuerst seine Kinder um und zwangen ihn, dabei zuzuschauen. Dann fesselten sie ihn und schleppten ihn mitten ins Dorf, sodass wir alle zusehen mussten. ‚Verabschiede dich von deinem

Dorf!', forderten sie ihn harsch auf. Sie standen ganz in der Nähe von unserem Haus." Godelives Stimme wird immer dünner, je tiefer sie in die Erinnerung eintaucht. Am Ende hängt nur noch ein dünner Strich in der Luft, kaum zu hören. Aber ich kann sehen, wie lebendig ihr jedes Detail vor dem inneren Auge steht. Und plötzlich drängen sich die Erinnerungen laut und stürmisch zu uns an den Tisch. Godelive hebt die Stimme und ahmt die Schärfe nach, mit der die Mörder ihre Befehle gegeben hatten: „Du MUSST Auf Wiedersehen sagen! SAG jetzt Auf Wiedersehen! Dann erschossen sie ihn. Manche seiner Kinder waren mit Tutsi-Frauen verheiratet gewesen. Sie mussten jetzt diesen sowohl Hutu- als auch Tutsi-Kindern erklären, warum ihre Väter tot waren."

Als Godelive von den Schreckensbildern lassen kann, wendet sie sich wieder dem Mädchen zu, das sie damals war. „Als all das passierte, die Ermordung der Intellektuellen, war ich im 6. Schuljahr. Da geht es ja darum, in die weiterführende Schule zu kommen. Aber wollte ich das? Ich hatte Angst davor, auch getötet zu werden, wenn ich weiterlernte. Ich hatte so viel Angst. Und dann kamen Soldaten tatsächlich zu uns nach Hause. Sie bedrängten mich, fragten mich, ob ich mit ihnen schlafen wolle. HACH …" Godelive spuckt die Worte fast auf den Tisch, „dieses Jahr 72! Sie drohten mir: ‚Wir werden dir wehtun, wir werden dich zwingen und dann werden wir dich töten.' Auch wenn wir an diesem Tag glimpflich davongekommen waren, wollte ich nicht mehr zurück in die Schule. Ich hatte zu viel Angst. Auch um meinen Vater. Ich hatte Angst, ihn alleine zu lassen. Aber er hatte einen Schutzengel. Bei einem weiteren Einfall der Soldaten legte unser Tutsi-Nachbar ein gutes Wort für meinen Vater ein: ‚Nein, nein, rührt diesen Mann nicht an! Alles, was er an Reichtum hat, hat er, weil er hart arbeitet. Bringt diesen Mann nicht um, er ist integer.' Sie haben tatsächlich auf ihn gehört und ließen meinen Vater am Leben. Ohne diesen Freund wäre er jetzt tot."

Ebenso wie Godelive ist Emmanuel ein Hutu. Er ist etwas älter als Godelive, verheiratet und gehört zu den Laien im Werk. Schmal und hager sitzt er mir gegenüber. Konzentriert und durchaus angespannt wartet er darauf, seine Geschichte erzählen zu dürfen. Diese, seine Geschichte, die 1994 in einem Albtraum enden wird, in dem er selbst zur Machete greifen wird, um Tutsis zu ermorden. Emmanuel hat seine Geschichte oft erzählt, auch öffentlich. Wieder und wieder hat er analysiert, was er getan hat. Und wie es dazu kommen konnte. Er ist derjenige, der von allen, denen ich in Kigali zuhöre, am längsten spricht. Viele Stunden dauert sein Bericht. Und jedes Wort hat er sich gut überlegt.

Anfangen lässt der Hutu Emmanuel seine Geschichte 1972. Als Tutsi wäre alles anders für ihn gekommen: „1972 passierte eine nationale Katastrophe. Ich war 18 Jahre alt und ging in die „seconde", hatte also noch drei Schuljahre bis zum Abschluss." Immer wieder wird Emmanuel in der Woche in Kigali betonen, dass es die Ereignisse von 1972 waren, die ihn traumatisiert haben. Unbewusst traumatisiert hätten. „Ich habe es nicht gemerkt damals, aber rückblickend betrachtet muss ich sagen: Was passierte, muss mich unbewusst traumatisiert haben." Was denn passiert sei, will ich wissen. „Alle Hutu-Schüler der Abschlussklassen wurden im Bürgerkrieg festgenommen. Als wir nach den Ferien im September zurück zur Schule kamen, war keiner aus den beiden Abschlussklassen mehr da, jetzt waren wir die Ältesten. Ich konnte mich das ganze Jahr in der Schule nicht konzentrieren, das ganze Jahr über war alles schwarz vor meinen Augen. Kein Wunder also, dass ich durch alle Prüfungen fiel. Statt studieren zu dürfen, musste ich zu meiner „Colline" zurück und auf dem Feld arbeiten. Das war eine Schande. Ich fühlte mich um ein besseres Leben mit weniger harter Arbeit betrogen."

Auch wenn es die Hutus waren, die 1972 systematisch aussortiert und umgebracht wurden, litten die Tutsis auch. Wie immer, wie in allen Kriegen, leiden die Kinder am meisten. Die Tutsi-Frau Adèle wurde Anfang der 60er-Jahre geboren, 1972 war sie ein kleines Mädchen. Das große Leid wird ihr später zugefügt, im Bürgerkrieg 1994. Auch Adèle hat ihre Geschichte schon oft, auch öffentlich, auch vor Gericht und in den Medien erzählt. Adèle ist eine fröhliche Frau. Sie kichert und lacht oft oder zieht die anderen auf. Sie tanzt – und nicht nur dabei habe ich ihre Augen leuchten sehen. So grausam, so unfassbar es ist, was ihr im Krieg und im Leben widerfuhr – am Tag ihrer Hochzeit fiel ihr Mann ohne Vorwarnung plötzlich tot um –, sie hat ganz ohne Zweifel ins Leben zurückgefunden. Adèle war von klein auf bewusst, dass die Welt, in der sie lebte, ungerecht war: „Als ich klein war, haben mich viele Dinge berührt. Zwei Tage in jeder Woche kamen Hutus, um bei uns im Haus zu arbeiten. Papa und Mama gaben ihnen zu essen, ohne Geld dafür zu nehmen. Die Hutus haben bei uns gearbeitet, weil sie von uns Land zum Wohnen und Kühe bekommen hatten, ohne dass sie dies hätten bezahlen können. Mir hat das wehgetan, sie so arbeiten zu sehen, aber überall war es so.

Ich war neun Jahre alt, als der Krieg von 1972 ausbrach. Zuerst haben die Hutus sich aufgelehnt, wollten die Macht an sich reißen, zogen mordend durchs Land und errichteten überall Straßenblockaden. Aber schnell gewannen die Tutsis die Kontrolle zurück und versuchten, alle Hutus umzubringen. Ich habe viele Massaker und Plünderungen gesehen! Alle Hutu-Kinder, mit denen meine Geschwister und ich immer gespielt hatten, mussten plötzlich mit ihren Witwenmüttern – die Männer hatten die Tutsis ermordet – weit weg in die Berge fliehen." Adèle ahnt schon als Kind, dass die Ereignisse dieses Krieges nicht ohne Folgen bleiben würden: „Ich habe das alles gesehen und schon damals gedacht: Wenn diese Kinder groß sind, kommen sie zurück, um sich zu rächen. Sie würden sich rächen für den Tod ihrer Väter, sie würden sich rächen für ein Leben in der Abgeschiedenheit und den fehlenden Zugang zur Bildung. Denn die Familien mussten ja in den Bergen bleiben, die Kinder durften nicht mehr zur Schule gehen. Nur wir Tutsi-Kinder gingen in die Schule."

Das Verhältnis zwischen Tutsis, die nur 15 Prozent der Bevölkerung ausmachen, und Hutus, die zwar 85 Prozent der Bevölkerung umfassen, aber trotzdem unterdrückt wurden – das alleine wirft die Frage auf: wie machen die Tutsis das eigentlich? –, ist schon schwer zu verstehen. An dieser Stelle soll das Verhältnis dennoch skizziert werden, denn ohne dieses Wissen sind die Gewaltexzesse kaum zu begreifen, zumal die Rollen zwischen Tätern und Opfern über die Jahrzehnte ständig neu verteilt werden.

Dass ich für dieses Buchprojekt zuerst nach Ruanda fliege, ist zwar Zufall beziehungsweise der eskalierenden Gewalt seit 2015 in Burundi geschuldet, bringt mich aber zu den Wurzeln der Geschichte beider Länder – die für ein paar Jahrzehnte von Europa aus in eine gemeinsame Geschichte gezwungen wurden. Nach der Berliner Afrika-Konferenz Ende des 19. Jahrhunderts hat das Deutsche Reich die beiden Königreiche Ruanda und Urundi in seinen Besitz gebracht. Während des Ersten Weltkrieges wurde aus beiden Königreichen eines, Ruanda-Urundi, und der belgischen Verwaltung unterstellt.

Was diese europäische Herrschaft für Ruanda bedeutet hat, konnte ich eindrücklich im „Kigali Genocide Memorial Center", einer Gedenkstätte für Opfer des Völkermordes von 1994, erleben.

Anders als in Burundi, in dem weniger öffentliches Gedenken stattfindet als den Mitgliedern des Werkes lieb wäre, (Bischof Simon berichtet immer wieder, dass es lange Zeit verboten war, um Angehörige zu trauern oder sie zu begraben), gibt es in Ruanda eine (allerdings international und unter Historikern umstrittene) Erinnerungskultur, die sich zum Beispiel in Zeitzeugenvideos oder in dieser Gedenkstätte, hoch über Kigali auf einem Massengrab erbaut, ausdrückt. Besucher der Gedenkstätte werden in einer Art rundlaufendem Tunnel an Vitrinen, riesigen Schautafeln, vielen Exponaten, darunter haufenweise als Mordwerkzeuge benutzte Macheten, Hacken und Beile, entlanggeführt. Sehr plastisch kann man sich den Verlauf der Geschichte in diesem Tunnel vorstellen: Große Schwarz-Weiß-Fotos zeigen, wie erst die Deutschen, dann die Belgier kamen. Im Gepäck hatten die Europäer ihre Rassenlehre. Die Kolonialherren trafen auf eine kleine Schicht privilegierter Tutsis, deren Privilegierung sie verstärkten und auf die sie ihre Rassenkunde, aufgrund von äußeren Merkmalen, anwendeten. Tutsis, die in der Regel als Rinderzüchter arbeiteten, sollten demnach lange Nasen haben und hochgewachsen sein, woraus sie ihre Überlegenheit über die kleineren, angeblich weniger intelligenten Hutus, meistens Bauern, ableiteten. Und so sieht man in dieser Gedenkstätte schon bald Europäer, die die Nasen von Afrikanern mit Messwerkzeugen wie Schieblehren vermessen.

Am 1. Juli 1962 wurden aus den beiden früheren Königreichen zwei unabhängige Staaten: Ruanda und Burundi. Die Gewaltexzesse von 1994 in Ruanda haben die Weltöffentlichkeit aufgeschreckt, die, die zeitgleich in Burundi stattfanden, haben wenig Beachtung gefunden.

Mit der Unabhängigkeit begann in beiden Ländern der Kampf um die Macht. In Burundi versuchten extremistische Vertreter beider Ethnien, eine gemischt-ethnische Regierung zu verhindern. Bischof Simon beschreibt die Jahre seit der Unabhängigkeit als eine fast andauernde Gewalt, die zyklisch in Gewaltexzessen, in denen Angehörige der verschiedenen Ethnien sich wechselseitig umbringen, gipfeln. In Burundi haben herrschende Tutsis viele Jahrzehnte lang versucht, ihre Macht zu festigen, indem sie Hutu-Kindern systematisch den Besuch der weiterführenden Schulen verweigerten. Die Mitarbeiter von Bischof Simon nennen das den „intellektuellen Genozid" und fast alle Hutus unter ihnen waren als Kind davon betroffen.

Der heutige Hutu-Präsident von Burundi, Pierre Nkurunziza, ist 2005 gewählt worden. Die ersten Jahre seiner Amtszeit waren hoffnungsvolle Zeiten, vieles wurde angepackt und zum Besseren gewendet. Die Entspannung dieser Jahre ist heute noch in den Stimmen der Menschen spürbar, wenn sie davon erzählen. Die Hoffnung, die die Menschen in dieser Zeit schöpften, hat sich aber nicht erfüllt. Schon ein paar Jahre später haben in der Regierung radikalere Stimmen die Führung übernommen. Machterhaltungskämpfe führten 2015 schließlich dazu, dass Pierre Nkurunziza mit Gewalt eine durch die Verfassung nicht legitimierte dritte Amtszeit durchsetzte. Seit Ausbruch der neuen Gewalt sind laut UNHCR über 400 000 Menschen in die Nachbarstaaten geflüchtet. „Alle Zeichen stehen so", sagt Bischof Simon, „dass Burundi auf dem Weg in eine Diktatur ist."

Im Werk von Bischof Simon finden sich Menschen beider Ethnien, Menschen aus Burundi und Ruanda, Täter und Opfer zusammen – um gemeinsam durch Versöhnungsarbeit das Land wieder aufzubauen und dauerhaften Frieden zu schaffen.

Gehörte Adèle zu den 15 Prozent Tutsi-Familien im Land, stammte die nur ein Jahr jüngere Joséphine aus einer noch kleineren, ganz besonderen gesellschaftlichen „Kategorie": Sie war Teil der königlichen Familie. Unangefochten stand die königliche Familie an der Spitze der Gesellschaft. Aber Joséphines Mutter hatte einen Hutu geheiratet. Und so traf der Bürgerkrieg 1972 auch diese Familie. Joséphine war mit ihren acht Jahren eines der jüngeren Kinder der Familie und erinnert sich sehr genau, was damals passierte: „Wir waren neun Kinder, ich bin die Zweitjüngste. Mein Vater war ein Hutu und hoher Funktionär. Bevor er starb, war er verantwortlich für alle Gebäude, alle Güter, die dem burundischen Staat gehörten, in allen Provinzen. Unser schönes rotes Haus stand in Bujumbura, im „Quartier cinq". Dort habe ich auch die Grundschule besucht. Aber nach 1972 konnten wir nicht dort bleiben. Die Mörder kamen in der Nacht, um meinen Vater zu holen. Es war gegen Ende der Krise. Ich weiß, dass viele Witwen vorher zu uns kamen, um Hilfe baten, weil ihre Männer weg, ermordet worden waren. Als mein Vater abgeholt wurde, waren Freunde, Kollegen, Nachbarn schon tot. Wir Kinder waren noch klein, unsere schwangere Mutter weckte uns, damit wir uns von unserem Vater verabschieden konnten. Mein Vater wusste, was ihm bevorstand, als ein Soldat ihm befahl, sich auf den Rücksitz des Autos zu legen, mit dem sie ihn abholten. Am nächsten Tag begannen sie, unser Haus zu plündern. Mein Vater besaß aber auch ein Auto, einen Seat, den meine Mutter unbedingt behalten wollte. Sie gab den Autoschlüssel einer Cousine und den Seat einem Cousin, damit die Militärs, falls sie etwas fanden, nichts damit anfangen konnten. Jeden Tag kamen sie jetzt, um unser Haus immer weiter auszuräumen. Sie alle fragten nach dem Autoschlüssel und setzten meine Mutter unter Druck: Wenn meine Mutter ihnen den Schlüssel verweigere, käme sie ins „Cachot". Das waren kleine Verschläge, Arrestzellen, die es in allen Vierteln gab und die als vorübergehende Gefängnisse dienten. Und so kam es: Sie holten meine Mutter, weil diese sich standhaft weigerte, den Autoschlüssel zu übergeben. Eine Tante riet uns kleinen Kindern, zum Gefängnis zu gehen, in der Hoffnung, die Soldaten würden sich dann erbarmen und unsere Mutter wieder freilassen. Wir acht Kinder harrten von da an auf dem Bürgersteig vor dem „Cachot" aus. Vierzehn lange Tage warteten wir dort. Obwohl die Soldaten uns mehrfach aufforderten, nach Hause zu gehen, blieben wir einfach auf dem Bürgersteig sitzen. Unsere Tanten brachten uns Essen, Tag und Nacht campierten wir vor dem Gefängnis. Meine Mutter spielte auf Zeit. Sie verriet den Soldaten, wo das Auto stand. Aber der Cousin hatte ja keinen Schlüssel. Man muss sich das vorstellen, in dieser Situation hatte meine Mutter die Idee und den Mut, zu den Militärs zu sagen: ‚Wer weiß, vielleicht ist der Schlüssel ja in der Hemdtasche von meinem Mann'. Darauf muss man erst mal kommen. Also, ich bewundere meine Mutter. Doch auch diese Möglichkeit überprüften die Soldaten und schrien meine Mutter wutentbrannt an, als der Schwindel aufflog. Ich konnte draußen hören, wie sie geschrien haben. Schließlich hat Mutter doch nachgegeben, sie wollte nicht, dass wir Kinder noch länger auf dem Bürgersteig bleiben mussten und verriet ihnen irgendwann, wo sie den Schlüssel finden würden. Ein Colonel hat das Auto schließlich beschlagnahmt." „Ndayahoze", wirft Sr. Godelive auf Kirundi, der Sprache Burundis, ein. „So ein großes Unrecht!", lasse ich mir schnell übersetzen, denn Sr. Godelive ist in Rage: „Die Plünderungen, der Druck, der ausgeübt wurde, es ist so schrecklich, was die Witwen der Hutus erleiden mussten." Aber das Unrecht, dem die kleine Joséphine und ihre Familie ausgesetzt waren, ist noch lange nicht zu Ende erzählt: „Als die Militärs das Auto endlich ergattert hatten, kamen sie wieder zu uns nach Hause: ‚Sortez de la maison', ‚Verlasst das Haus', haben sie uns befohlen. ‚Aber das Haus gehört uns, wir haben es gekauft und umgebaut, wohin soll ich mit den Kindern gehen?', fragte meine Mutter. ‚Du wirst schon zurechtkommen', war die kühle Antwort. Also mussten wir das Haus verlassen. Maman fand ein kleines Haus in einem Armenviertel. Obwohl mein Vater lange Jahre ein hoher Staatsbeamter war, gab es für uns keine andere Wohnmöglichkeit. Aber das ging nicht lange gut. Meine Mutter hatte nicht genug Geld, um uns acht Kinder und sich und das Ungeborene zu ernähren. So entschied sie, zur „Colline" unseres Vaters, zu den Großeltern väterlicherseits, die bitterarm waren, umzuziehen." „Warum hat euch denn nicht die Familie deiner Mutter, die als königliche Familie noch über Macht und Einfluss verfügen musste, geholfen?", frage ich erstaunt. Sr. Godelive und Joséphine schauen genauso erstaunt zurück: Eine Frau gehöre immer zur Familie des Mannes. So sei es Brauch, und eine andere Möglichkeit gäbe es nicht, antworten sie mir.

Zum Versöhnungswerk von Bischof Simon gehören nicht nur Schwestern und Laien, einen dritten Zweig bilden junge Priester, „Missionare der Versöhnung" nennen sie sich. Ihr Prior, ihr Vorsteher, ist François Xavier Ntirampeba. Einige Jahre war er zum Studium in der Schweiz und setzte sich dort theologisch besonders intensiv mit dem Thema Versöhnung auseinander. Er habe viel gelernt in dieser Zeit, sagt er. Allerdings ist ihm das europäische Essen nicht gut bekommen, es hat ihm Diabetes eingebracht. Mit Medizin und regelmäßigem Laufen kann er die Krankheit aber beherrschen. Und so sehe ich François jeden Morgen seine Turnschuhe anziehen, um eine Weile am Stadtrand von Kigali zu joggen. Auch François kommt aus einer ethnisch gemischten Familie, der Vater war ein Hutu, die Mutter eine Tutsi. „Mein afrikanischer Name ist Ntirampeba, das heißt übersetzt: ‚Gott hat mich nicht aufgegeben‘“, erzählt er. Und von einer glücklichen Kindheit erzählt er auch: „Mein Vater war Lehrer, meine Mutter wollte eigentlich Schwester werden, aber das hat nicht geklappt. Später sagte sie oft: ‚Gott wollte eben, dass ich einen Priester zur Welt bringe.‘ Von meinen drei Geschwistern hat nur ein Bruder alle Kinderkrankheiten überlebt. 1972 war auch für unsere Familie ein einschneidendes Jahr. Mein Vater wurde entlassen und blieb arbeitslos. Er trank gerne, was sich ironischerweise als Glücksfall herausstellen sollte. Er stand nämlich nicht auf der Liste der gebildeten Hutus, die ermordet werden sollten. Am 29. April wurde er zwar festgenommen, kam jedoch schon am nächsten Tag wieder frei. ‚Meine Zeit ist noch nicht gekommen‘, hat er nach dieser Nacht gesagt. Und bis zu seinem Tod hat er nicht erzählt, was in jener Nacht wirklich passiert ist. Auf jeden Fall ist Blut geflossen und irgendjemand hat ihn beschützt. Bis heute weiß ich nicht, wer ihm geholfen hat.

Seit dieser Nacht hatte mein Vater fürchterliche Angst. Drei Monate lang versteckte er sich im Haus und verrichtete selbst seine Notdurft im Zimmer. Schließlich dachte das Regime, er sei tot. Das hat er genutzt, um nach Tansania ins Exil zu fliehen. Weit, weit weg. Es gab keine Möglichkeit, uns zu benachrichtigen. 22 Jahre lang wussten wir nichts von ihm, habe ich meinen Vater nicht gesehen. Er konnte nicht schreiben, weil man von dort, wo er war, keine Post verschicken konnte. Als ich ihn wiedersah, das war Anfang der 90er-Jahre, kurz vor Beginn des nächsten Bürgerkriegs, fand ich ihn in schrecklicher Verfassung in Tansania im Flüchtlingslager vor. Meine Mutter hat all die Jahre auf ihn gewartet und nicht wieder geheiratet."

Wie weit die ethnischen Konflikte in das Leben der Familien, in die Schicksale der einzelnen Menschen reichen, soll eine letzte Geschichte aus dem Jahr 1972 illustrieren. Sie handelt von Ildéphonse, der damals knapp zwei Jahre alt war und heute zum Zweig der Laien im Werk gehört. Und obwohl es keine direkte Bürgerkriegsgeschichte ist, sind es doch die Zugehörigkeiten zu den Ethnien, die das Leben in der Familie zur Zeit seiner Geburt schwer belasteten. Ildéphonse hat sich dem Versöhnungswerk angeschlossen, weil Bischof Simon und seine Versöhnungsfamilie sich in besonderer Weise um Waisenkinder kümmern, um Waisenkinder, wie er selbst eines war. Ildéphonse erzählt diese Geschichte aus seinen ersten Lebensjahren: „Die Konflikte, die unsere Gesellschaft heute erschüttern, haben ihre Ursache viel früher. Ich zum Beispiel bin Waise durch die gesellschaftlichen Umstände geworden. Hakizimana, „Gott rettet", bin ich genannt worden, als ich auf die Welt kam. Aber als ich drei Monate alt und noch nicht getauft war, starb meine Mutter. Meine Großmutter war es, die mich aufnahm und mir einen neuen Namen gab: Nzirubusa, „Unschuldiges Opfer", heißt das. Opfer, weil sie dachte, ich würde nicht groß werden. Auf dem Land gab es kaum Babynahrung, Waisenheime gab es auch nicht, also sagte man von mir, ich sei ein unschuldiges Opfer. Die Familie nahm den Tod meiner Mutter nicht einfach als das, was er war: ein tragisches Ereignis, ein Unglück, sondern deutete ihn in der Logik des Genozids und beschuldigte eine Tante, die Frau meines Onkels väterlicherseits, eine Tutsi, sie vergiftet zu haben, weil sie eine Hutu war. In diesem Kontext aus Ungewissheit und Intrigen bin ich groß geworden. 1972, ich war zwei Jahre alt, verlor meine

Tante ihren Mann im Bürgerkrieg. Sie selbst war im dritten oder vierten Monat schwanger. Unter dem Schock der Krise und des toten Ehemannes trieb meine Tante das Kind ab. Auch nachdem sie wieder geheiratet hatte, ist sie nicht wieder schwanger geworden. Also nahm sie mich bei sich auf, als ich in die Schule kam und meine Großmutter immer älter wurde."

Bischof Simon hatte eine ganz andere Perspektive auf diese Monate des Völkermordes. Während über die Burunder ein Bürgerkrieg hereinbrach, bangte Simon Ntamwana von Rom aus um die Seinen. Die Rebellion in Rumonge in Südburundi brach am 20. April aus und schlug schnell heftige Wellen, die durch das ganze Land schwappten. Schon am 15. Mai erhielt Simon einen Brief seines Pfarrers aus Mukenke, dem Pfarrer, für den sein Vater als Pfarrsekretär arbeitete. Überbracht wurde der Brief persönlich. Von einem Missionar der weißen Väter, der selbst hatte fliehen müssen. Und so erzählt der Bischof:

Er blieb bei mir, während ich den Brief öffnete und die Zeilen las: „Cher Simon. Les membres de ta famille qui sont morts sont ceci – Lieber Simon, die Mitglieder deiner Familie, die tot sind, sind die Folgenden", stand da ganz einfach. Und dann folgten 54 Namen. Ich konnte es nicht glauben. Mein Vater, mein kleiner Bruder Michel, Onkel, Tanten, fast alle, die lesen und schreiben konnten, sollten tot sein? Ja, wir waren damals schon eine durchaus intellektuelle Familie. 54 Menschen waren verschwunden. 54! Innerhalb von zwei Wochen! Und das nur, weil wir Hutus von der Macht ferngehalten werden sollten.

Später erzählte mir der Pfarrer aus Mukenke in einem persönlichen Gespräch, was mit meinem Vater genau passiert ist. Er wurde in seinem Pfarrbüro festgenommen. An besagtem Tag fuhr ein Pritschenwagen mit drei Militärs, die zur Partei UPRONA gehörten, vor. Vor den Augen des Pfarrers richteten sie ihn schrecklich zu. Er hat noch versucht, die Männer zu überreden, von ihm abzulassen, indem er ihnen sagte, dass mein Vater mit dem Aufstand und dem Gemetzel der Hutus nichts zu tun hätte. Aber es war vergeblich, sie brachten ihn weg. Niemand erfuhr, wo er getötet und begraben worden war. Der Missionar war von dem, was er gesehen hatte, so angewidert, dass er Burundi für immer verließ. Es war ihm nicht mehr möglich, hier zu leben und zu arbeiten.

Was meinen kleinen Bruder angeht, der im zweiten Jahr Geschichte in Bujumbura studierte, habe ich gehört, dass sie alle Hutu-Studenten aus seiner Klasse geholt haben, sie ins Prinz-Louis-Rwagasore-Stadion gebracht und erschossen haben. Alles innerhalb von fünf Minuten. Man spricht davon, dass 300 Studenten in der dritten Bürgerkriegswoche massakriert und in ein Leichenfeld geworfen worden sind. Die Tatsache, dass die Menschen ihre Toten nicht beerdigen durften, 1972 so wenig wie 1993, dass die Leichen von Hunden gefressen wurden, in Sickergruben oder auf Wegen verfaulten, verfolgt die Burunder. Niemand durfte trauern. Ein eisernes Schweigen legte sich über das Land. Trauern, weinen hätte bedeutet, so zu sein wie die „Verbrecher" und selbst umgebracht werden zu können. Also wurden die Überlebenden zu lebenden Gräbern.

Einige weitere Monate lebte ich in der Angst, erneut einen solchen Brief zu erhalten. Ich fragte mich, wie ich das aushalten und was ich machen sollte. Aber erst einmal machten diese grausamen Ereignisse etwas mit mir. Sie waren wie ein Auslöser, tief in mir spürte ich eine große Ermutigung. Mehr als jemals zuvor wollte ich Priester werden. Ich betete viel, für die Meinen, für mein Land. Und ich wollte ein Zeuge der Liebe werden, mit der ich eines fernen Tages vom Kreuz aus sagen könnte: Vater vergib ihnen, denn sie wissen nicht, was sie tun.

Und dann waren da zum Glück auch die Menschen, die mir halfen weiterzuleben. Allen voran Kardinal Bernardin Gantin, mein geistlicher Begleiter, ein Herz Jesu Vater. Er kam aus dem Benin und konnte nachvollziehen, was in meinem Land vor sich ging. Von ihm habe ich gelernt, diese historische Tragödie zu verstehen. Er hat mir beigebracht, dass es bei solchen Erlebnissen nicht darum geht, den Kopf zu verlieren, zu kündigen, sich entmutigt zurückzuziehen, so als habe man eine Niederlage erlebt. Sondern dass das hier der beste Moment sei, um mich in meinem Leben als Priester zu engagieren. Mein Leben zu leben anstelle und im Namen von Christus, sodass ich alle Menschen, gleich welchen Stammes sie seien, versammeln könne. Ich bin Kardinal Gantin, dieser großen humanistischen Persönlichkeit, sehr dankbar und glaube, Zeit meines Lebens wird er derjenige sein, der nach dem physischen Tod meines biologischen Vaters mein Vater wurde. Und es gab meine Freunde aus der Heimat. Und es gab weitere Hutus und Tutsis in meiner Umgebung, die die Ihren verloren hatten.

Es entspricht meinem Temperament eher, mich nicht von den Dingen des Lebens entmutigen zu lassen, sondern mir selbst Mut zuzusprechen: ,Simon, geh vorwärts', habe ich mir gesagt. Schon im Juli besuchten mich Freunde, Burunder, die in Genf lebten, in Rom. Sie sagten: ,Simon, du bist gebildet, sprichst Italienisch, Englisch und Französisch. Wir brauchen dich. Wir wollen mit dir politisch für unser Land kämpfen.' So schmeichelhaft diese Aussicht auch gewesen sein mag, für mich stand es außer Frage, Politiker zu werden. Als Priester konnte ich für alle Menschen gleichermaßen da sein, als Priester konnte ich am besten daran arbeiten, dass die Burunder wieder ein Volk von Geschwistern werden würden. Ein Volk, in dem jeder das Glück des anderen mitgestaltet. Ich sah in meinem

Priestersein eine große Chance – und eine große Mission. Ich wollte, dass dem Strudel aus Hass und Gewalt endlich Einhalt geboten wurde. Und ich wusste, dass dieser Strudel nur durch Versöhnung gestoppt werden konnte.

Außerdem hatte ich Freunde in Europa, in Deutschland und Italien, die mir damals sehr halfen. Im Oktober 1972 besuchte ich in Brilon bei Kassel einen Deutschkurs und verbrachte anschließend zwei Monate bei einer Familie in Mönchengladbach. Die Familie hatte kleine Kinder, ungefähr sechs und acht Jahre alt. Ich spielte gerne mit ihnen und ihre Eltern ermutigten mich auch dazu. Dieses Vertrauen und die Zuneigung dieser Familie taten mir gut. Ich konnte mich entspannen, ich konnte beginnen, die schrecklichen Verluste zu überwinden, die furchtbaren Wunden in mir zu heilen. Allerdings hatte der Aufenthalt in der Familie einen Nachteil: In den wenigen Wochen damals nahm ich 20 Kilo zu – und nahm sie nie wieder ab. Psychisch kann ich mir das nicht erklären, das ist erstaunlich. Vielleicht, darüber habe ich damals nachgedacht, ist es so, dass manche Menschen die Bürden, die Lasten auf eine Art auf sich nehmen, dass die Physis sich aufbläht. Aber das ist nur eine Vermutung.

Zurück aus Deutschland, baten die Verantwortlichen im Vatikan mich, nicht nach Burundi zurückzukehren. Sie fanden das viel zu gefährlich. Ich fügte mich und verfolgte meinen Weg, Priester zu werden, weiterhin von Rom aus. Auch dieser Weg hielt eine bittere Enttäuschung für mich bereit: Jeder, der zum Priester geweiht werden will, schreibt an seinen Ortsbischof und bittet um die Erlaubnis, zur Weihe zugelassen zu werden. Also schrieb ich meinem Bischof in Burundi, meinem großen Förderer. Aber er antwortete nicht. Zwölf Mal schrieb ich ihm. Nicht ein einziges Mal antwortete er. Ich litt. Ich marterte mich. (Im Übrigen habe ich mich später im Archiv des Bistums mit eigenen Augen vergewissert, dass meine Briefe damals alle angekommen sind.) Warum wollte mir mein priesterlicher Vater, derjenige, der doch meine Berufung gefördert hatte, nicht antworten? Es war eine große Ernüchterung und eine Warnung für die Burunder. Eine Freundschaft zwischen den Ethnien war scheinbar so fragil wie ein auf Sand gebautes Haus. Ich weiß bis heute nicht, warum ich keine Antwort bekam, und ich bin auch froh, dass ich es nicht weiß. Ich unterstelle ihm keine bösen Absichten, er hat mir, wie vielen anderen, eben nicht geantwortet.

In Rom fanden sie einen anderen Weg: Ich wurde mit dem Missionarstitel in der „Kirche von Rom" geweiht. Die Kirche von Rom hat das Recht, Missionare in andere Diözesen zu schicken. Und weil es immer noch zu gefährlich war, nach Burundi zurückzukehren, wurde ich dort geweiht.

Der 24. März 1974. Endlich war es so weit. Der Tag der Priesterweihe. Mein ganzes Leben, seit meiner Kindheit, hatte ich auf diesen Tag gewartet. Es war ein kalter Frühlingsmorgen. Ein großer Tag für mich und ein Tag voller Sonne und Licht. Wir waren elf Priesteranwärter. Und wir kamen alle aus Ländern, die in Schwierigkeiten waren: aus Burundi und Ruanda, aus Ecuador und Vietnam, aus Nigeria, Uganda und Kenia und aus dem ehemaligen Jugoslawien. Ein brasilianischer Kardinal, Agnelo Rossi, weihte mich am Ende einer besonders schönen Messfeier. Als ich seine Hände auf mir fühlte, änderte sich etwas in mir fundamental. Ontologisch, in meinem tiefsten Inneren, auf der Ebene meines nackten Seins fand die Verwandlung statt. Nach der Weihe war ich nicht mehr der, der ich vorher gewesen war.

Im Moment der Weihe dachte ich an mein Land, an Burundi. Ich sagte mir: „Dorthin musst du zurückgehen, in dieses mörderische Land. Damit ich der Zement, der Beton werde, auf dem die Burunder wieder aufbauen, sich wieder verbünden können." Ich wollte ein Jünger von Jesus sein, der uns doch gesagt hat: ‚Liebt einander, wie ich Euch geliebt habe.[8] Und liebt auch Eure Feinde.[9] Was für ein Priester wäre ich, wenn ich das nicht leben würde?

Was mich auch zutiefst bewegte, war die universale Ebene von Kirche zu erleben. Nicht nur durch die anderen Weihekandidaten aus zehn Nationen. Nein, auch durch die Gäste, die mit mir feierten. Aus Burundi, von meiner Familie, konnte niemand anreisen. Aber von überall aus Europa waren Freunde, insgesamt hundert Menschen, gekommen, um mit mir zu feiern: aus Deutschland und Italien, aus der Schweiz, aus Österreich und Frankreich. Wir feierten bei den ‚Weißen Vätern‘ in der Via Aurelia 269, den Missionaren Afrikas. Hier hatte ich das Gefühl, dass die ganze Kirche Burundis um mich herum war. Hier habe ich Kirche erfahren, Gemeinschaft erlebt: Die Menschen, die mir in meinem Leid beigestanden hatten, durch deren Zuneigung, Wertschätzung und Liebe ich hatte anfangen können, zu heilen, diese Menschen feierten, freuten sich jetzt mit mir. Die Menschheitsfamilie hat meine eigene Familie vertreten. Ich fühlte, dass die Kirche universal ist. Ich gehöre dem Universalen und nur universal kann ich dienen.

Als Primiz-Spruch wählte ich einen Vers aus Johannes: ‚Pour qu'ils aient la vie.‘ (‚Damit sie das Leben haben und es in Fülle haben.‘[10]) Lange, lange hatte ich zuvor über diesen Vers meditiert. 1973, bei der Weihe zum Diakon, hatte ich ihn entdeckt. Ich war immer überzeugt: Wenn ich Priester werden darf, dann um alles dafür zu tun, dass die Menschen ihr Leben von mir bekommen werden. Ich hatte darüber meditiert, weil ich „auf dem anderen Fuß tanzen wollte", wie man bei uns sagt. Ich hatte den Tod von so vielen Menschen erlebt, jetzt wollte ich auf dem anderen Fuß tanzen und ein Gegengewicht zu

---

8   Johannes 13,34 EÜ
9   nach Matthäus 5,44 LUT
10 Johannes 10,10 EÜ

all den schlimmen Erfahrungen schaffen. Ich wollte Leben geben, nicht nehmen. Dieser innere Drang war wie ein Schlüssel, um in die Geschichte Burundis wieder einzutreten. Ich wollte nun das Leben schenken, es ist ja möglich, es kann ja sein!

Zunächst aber ließen mich die Verantwortlichen immer noch nicht nach Burundi reisen. Ich blieb also vorerst in Rom, schloss meine Dissertation ab. Nach deren Abschluss 1976 ließ ich mich dann aber nicht mehr zurückhalten: Ich wollte nach Hause.

Mitglieder des Werkes „Neues Leben für Versöhnung": Laien, Schwestern, Brüder, Priester und Bischof Simon, der Gründer des Werkes. In der Mitte: die Autorin.

Das Haus voller Geschichten am Stadtrand von Kigali.

Foto: Angela Krumpen

Die Terasse des Hauses mit dem Blick über Kigali war unser geschützter Raum für Gespräche.

Foto: Angela Krumpen

Im Selbstversorgungsgarten der Priester und Brüder des Werkes von Bischof Simon.

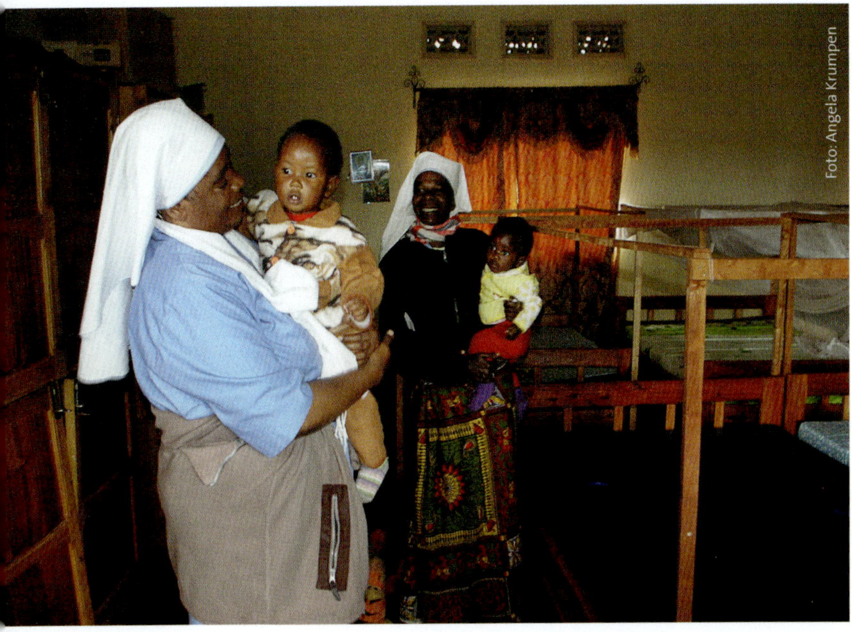

...n einem der Waisenhäuser des Werkes. Die Kinder bleiben nur so lange, bis sie medizinisch gesund sind. Dann werden sie in Pflegefamilien vermittelt, die vom Werk finanziell unterstützt werden.

Die Vorschulklasse in einem Kindergarten, der zu einem der Waisenhäuser des Werkes gehört. Burundi ist ein Land ohne Bücher. Diese Kinder haben auch keine Hefte oder Stifte.

Foto: Angela Krumpen

Mit Tanz und Trillerpfeifen begrüßen die Batwas die Mitarbeiter des Versöhnungswerkes.

Foto: Angela Krumpen

Die Batwas sind der älteste Volksstamm in Burundi und haben ein vergleichbares Ansehen wie Roma in Europa. Die Mitarbeiter des Werkes bringen ihnen Ziegen als Grundlage für die Selbstversorgung

Foto: Privat

Die Batwa trifft die Not am Schlimmsten. Sie hungern. Deswegen bringen die Mitglieder des Werkes ihnen zusätzlich zu den Ziegen Bohnen, Reis und Palmöl.

Foto: Angela Krumpen

Stolz stellt sich eine Batwa-Familie für ein Foto vor ihre Hütte.

Essensausgabe im Waisenhaus. Hier können auch Mütter lernen, wie sie ihre Kinder mit einer ausgewogenen Ernährung vor Unterversorgung schützen.

Personentransport in Burundi: Fünf burundische Kinder (vier klammern sich an die Ladeklappe des LKWs, das fünfte kauert über dem Nummernschild) auf dem Weg in die Hauptstadt Bujumbura.

In einer landestypischen Küche in Burundi lernt die Autorin afrikanisch zu kochen.

Leuchtend rote Erde, leuchtend grüne Felder – Burundi ist ein fruchtbares Land. Die landesweite Not könnte gelindert werden, sofern die politischen Verhältnisse sich stabilierten.

Erzbischof Simon Ntamwana bei seinem Besuch in Köln 2017.

6. Heimreise in die große Leere: weiterleben, obwohl alle verschwunden sind

Wir sind, jeder auf seine Weise, verwundet.
Aus dieser inneren Gebrochenheit heraus
fügen wir anderen Schmerz zu.
Vergebung ist die Reise, die wir unternehmen,
das Wunde, das Zerrissene zu heilen.[11]

DESMOND TUTU

„Cher Simon viens, personne ne peut te faire du mal si ton heure n'est pas encore arrivé. Viens, je serai ton ami, ton grand frère. – Lieber Simon, komm, niemand kann dir Leid zufügen, wenn deine Stunde noch nicht gekommen ist. Komm, ich werde dein Freund, dein großer Bruder sein."

Diese Worte sprach Mpungu Roger, Monsignore aus Burundi, zu mir. 1975 war er zu einer Pilgerreise nach Rom gekommen, wo wir uns kennenlernten. Er war einer von drei Menschen, die mich ermutigten, nach Burundi zurückzukehren. Außer ihm ermutigte mich noch mein langjähriger geistlicher Begleiter, Bernardin Gantin, und Schwester Pierre Clavera, Generaloberin der Schwestern

---

11 Desmond und Mpho Tutu: Das Buch des Vergebens, Vier Schritte zu mehr Menschlichkeit, Allegria Verlag, 2014, S. 11.

Bene Tereziya. Schwester Pierre schrieb mir: „Simon, ich kenne dich, ich kenne deine Mama. Wenn du kommst, werde ich deine Mutter, deine Freundin sein. Und ich werde es mit Sicherheit wissen, wenn Menschen dir Böses wollen." Diese Ermutigungen erreichten mich – und sie waren keine leeren Worte. Mpungu Roger, der mich doch noch kaum kannte, sollte sich als wahrer Freund herausstellen.

Also reiste ich 1976, neun Jahre und zehn Monate nachdem ich sie verlassen hatte, in meine Heimat zurück.

Ich fand Burundi zerfetzt vor. Als ich zurückkam, konnte ich kaum noch Menschlichkeit erkennen. Im Land herrschte ein gefährliches Klima. Ein Land ohne Kompass, das sich eines künstlichen Friedens rühmte, zu dessen Ehre unzählige Feste gefeiert wurden. Kinder und Jugendliche defilierten, nach dem Beispiel der Paraden in Nordkorea, vor den Autoritäten. Präsident Micombero war mit dem Präsidenten Nordkoreas befreundet und hatte sich von der prowestlichen Politik seiner Vorgänger abgewandt. Ich fühlte mich sehr unwohl in meinem eigenen Land. Ich war in ein Burundi ohne Werte, ohne Wahrheit zurückgekehrt. In vielen Reden wurde feierlich verkündet, wie groß die Ernte der Bauern sei, wie viel eine Kooperative erreicht hätte. Was ich sah, waren Bauern, die mit großem Elend in ihren Seelen und Familien gestraft waren. Ich fand Burundi wieder, aber in seiner Seele war es tot.

Und dann war da meine persönliche Geschichte. Ich kam zwar nach Hause. Aber in eine einzige große Leere. Nicht nur die Menschen aus meiner Familie waren verschwunden, vom Vater über den Bruder, Schwager, Onkel, Tanten und Cousins. Auch meine Nachbarn, meine Lehrer, so viele, die ich gekannt hatte, so viele, die zu meinem Leben gehört hatten, waren weg. Und weg meint wirklich weg. Es gab ja nicht mal Gräber. Die Menschen waren buchstäblich spurlos verschwunden. Es gab keine Gräber, weil man den Menschen nicht gestattete, um ihre Toten zu trauern. Trauer um Ermordete wurde als Auflehnung verstanden und Auflehnung wurde mit dem Tod geahndet. Wer offen trauerte, brachte sich also in Lebensgefahr. Jene ermordeten Menschen, die ich kaum gekannt hatte, waren für mich jetzt einfach verschwunden. Ich hatte eben nichts mehr mit ihnen zu tun. Aber jene loszulassen, mit denen ich gelebt hatte, war eine schier unüberwindbare Herausforderung.

Fassungslos lief ich durch die Leere, suchte nach einem neuen Haltepunkt für mich und meine Seele. Und schließlich fand ich ihn. Ich fand ihn, indem ich mich an die Menschen erinnerte, die verschwunden waren. Ich versuchte, mich so genau wie möglich an sie zu erinnern, rief mir alles, was ich mit den Menschen erlebt hatte, wieder ins Bewusstsein und hauchte ihnen auf diese Weise wieder Leben ein. Ich wollte die Menschen in mir für immer am Leben erhalten. Ich wollte alles Gute, das ich von ihnen erfahren hatte, genauso nachmachen und die Toten so langsam in mir zu neuem Leben erwecken. So durchlebte ich zum Beispiel bewusst eine häufig erlebte Situation mit meinem kleinen Bruder wieder. Wie oft wir beide uns gezankt hatten! Unermüdlich hatten wir uns gestritten. Egal wie schlimm der Streit aber gewesen war, am Ende des Tages saßen wir immer wieder gemeinsam versöhnt beim Abendessen. Dieses Gefühl, sich verletzt zu haben, sich aber trotzdem wieder versöhnen zu können, wollte ich wieder in mir spüren.

Oder ich dachte an die Liebe meines Vaters zu Gott und daran, wie ich mich schon in jungen Jahren dazu entschlossen hatte, die gleiche Freude an Gott zu haben. Dieses Wiederbeleben der Erinnerungen wurde zu meiner neuen Kraft: diese, seine Freude an Gott in mir zu fühlen und so Vater in mir lebend zu sehen, lebend zu spüren. Auf diese Weise lernte ich langsam Schritt für Schritt, die Wunde dieser enormen Leere in mir zu heilen. Die Heilung war ein langwieriger Prozess über viele Jahre.

Die Selbstheilungsversuche von Bischof Simon rühren mich tief an. Was für eine, im ursprünglichen Sinne kreative, aus sich selber geschöpfte Idee! Dazu fällt mir ein Gedicht über die mit dem Tod verschwundenen Ahnen des senegalesischen Dichters Birago Diop ein, in dem auf andere Art erzählt wird, wie die Toten, wie unsere Ahnen weiterleben.[12] Birago Diop, Dichter, Schriftsteller, Tierarzt und Diplomat, preisgekrönt für seine Literatur, gehörte zu den ersten, die mündliche Erzählungen der Menschen sammelten und ins Französische übersetzten.

Der Hauch der Ahnen

Erlausche nur geschwind
die Wesen in den Dingen
Hör sie im Feuer singen,
Hör sie im Wasser mahnen
Und lausche in den Wind:
Der Seufzer im Gebüsch
Das ist der Hauch der Ahnen.
Die gestorben sind, sind niemals fort,
Sie sind im Schatten der sich erhellt,
Und im Schatten der tiefer ins Dunkle fällt.
Sie sind in dem Baum der dröhnt

---

12 Ich kannte Birago Diop nicht, stoße auf den senegalesischen Dichter, während ich im Flugzeug nach Ruanda „Kongo" lese, ein atemberaubendes Buch des belgischen Journalisten David Van Reybrouck. Mit vielen Hunderten Kongolesen hat David Van Reybrouck gesprochen, der Älteste seiner Interviewpartner hat von ca. 1882 bis 2010 gelebt und konnte noch von der Ankunft der Missionare erzählen. Aber Reybrouck spricht für sein vielfach preisgekröntes Werk auch mit Kindersoldaten und Rebellenführern, Politikern und Missionaren. Entstanden ist ein wirklich einzigartiges Buch von großer literarischer Kraft und Schönheit und voller Informationen. Es hilft mir sehr, einzutauchen in die Geschichte des Kontinentes, den ich zum ersten Mal aufsuche und der mir zu dem Zeitpunkt noch so fremd ist.

Und sind in dem Baum der stöhnt,
Sie sind in dem Wasser das sich ergießt
Wie im Wasser das schlafend die Augen
schließt,
Sie sind in der Hütte, sie sind im Boot:
Die Toten sind nicht tot.
Erlausche nur geschwind
die Wesen in den Dingen
Hör sie im Feuer singen,
Hör sie im Wasser mahnen
Und lausche in den Wind:
Der Seufzer im Gebüsch
Das ist der Hauch der Ahnen.
Die gestorben sind, sind niemals fort,
Sie sind in den Brüsten des Weibes,
Sie sind in dem Kind ihres Leibes,
Sie sind in dem Streit der sich regt.
Sie sind nicht unter der Erde:
Sie sind in dem Brand der sich legt,
Sie sind in den Gräsern die weinen,
Sie sind in den Felsen die greinen,
Sie sind im Wald, in der Wohnung, im Brot:
Die Toten sind nicht tot.
Sie mahnen uns täglich an den Bund,
An den großen Pakt der uns bindet,
Der unser Los dem Gesetz verknüpft,
Den Taten der stärksten Wesen,
Dem Los unserer Toten die nicht gestorben:
Der Pakt der uns bindet ans Leben.
Das schwere Gesetz das uns knüpft an die
Taten

Des Hauchs der sich legt im Flussbett,
am Ufer,
Des Hauches der Rufer, Der weint in den
Gräsern, im Felsen sich regt.
Erlausche nur geschwind
die Wesen in den Dingen
Hör sie im Feuer singen,
Hör sie im Wasser mahnen
Und lausche in den Wind:
Der Seufzer im Gebüsch
Das ist der Hauch der Ahnen.[13]

BIRAGO DIOP

„Das ist so schön", sagt Bischof Simon, während er das erste Mal meinen Text über sein Leben liest. „Das Gedicht von Diop kannte ich gar nicht. Aber so ist es. Genau so." Und dann taucht er wieder in seine eigene, jetzt aufgeschriebene, Erzählung ein.

Aber dieselbe Wunde, oder anders gesagt, genau diese Erfahrung brachte mich dazu, das Versöhnungsprojekt voranzutreiben: Indem ich auf diese Weise meine verschwundenen Liebsten in mir lebendig hielt, die Erfahrung der innerlichen Verbindung machte. Da ich also wieder verbunden war mit den Menschen, die doch meinen Weg mit mir zusammen zurückgelegt hatten, nahm ich die Tat der Täter

---

13 gefunden in: David Van Reybrouck: Kongo, Eine Geschichte, Suhrkamp, 2. Auflage 2014, S. 41f., das ganze Gedicht auf: http://www.ev-kirche-goeppingen.de/fileadmin/media-pool/gemeinden/KB_goeppingen/Kamerun/3.10_Der_Hauch_der_Ahnen.pdf, zuletzt abgerufen am 5.11.2017.

weniger negativ wahr. Weil ich die Person auf diese Weise wieder erreichen konnte, weil ich ihre Ideale, ihre Wünsche, ihre Werte in mir noch lebendig fühlte und sie durch mich und in mir wiederbeleben konnte, empfand ich die Handlungen der Täter weniger schmerzlich. Langsam erzog ich mich dazu. Ich erzog mich dazu, die Leben der verschwundenen Menschen, der Opfer, in mir zu verlängern, sie weiterleben zu lassen.

Und mein Weg der Verarbeitung half mir: Ich wusste ja, wer meinen Vater umgebracht hatte, und ich wollte den Menschen vergeben. Weil ich mit den Opfern innerlich wieder verbunden war, dem Verlust in meinem Innern dadurch etwas entgegensetzen konnte, konnte ich den Menschen in der Verwaltung, die meinen Vater umgebracht hatten, immer leichter begegnen. Ich brauchte nicht, weder innerlich noch äußerlich, mit dem Finger auf sie zu zeigen, sie zu beschimpfen oder anzuklagen. Ich konnte sie empfangen, sie sogar umarmen, ohne Gefühle des Hasses oder der Rache. Das brauchte natürlich Zeit. Über einige Jahre hinweg gelang es mir Schritt für Schritt immer besser, den Tätern mit einem offenen Herzen zu begegnen.

Und über all dieser persönlichen Entwicklung schwebte immer die wichtigste Frage mit: Wie könnten die Menschen in Burundi von ihrem Leid geheilt werden? Trotz der Trauer um meine Liebsten trieb mich der Gedanke um, wie ich die Menschen vor dieser Untat retten könnte. Meine Vision war und ist: Dieser Strudel der Gewalt kann nur durch Versöhnung eingedämmt werden. Daran arbeite ich seither, es ist die große Sendung meines Priesterseins. Leider ist es, was Burundi als Ganzes angeht, in über vierzig Jahren noch nicht gelungen.

Aber nicht nur wegen der Verluste und des Versöhnungsprozesses in mir fand ich ein wirklich schwieriges Leben in Burundi vor. Die

Herrschenden taten alles, um mich zu diffamieren und zu verunglimpfen. Sie streuten Gerüchte über mich und erzählten den Menschen, ich sei gefährlich und nur gekommen, um mich zu rächen. Schon 1973 war meine Mutter bedroht worden, als ich ihr über den Nuntius, also den Botschafter des Vatikans, ein kleines Päckchen mit 30 Dollar hatte bringen lassen, damit sie etwas Geld hatte, um meine kleinen Schwestern zur Schule schicken zu können. Damals hat die Regierung verlauten lassen, ich sei ein Machetenverkäufer und meine Mutter würde die Macheten in ihrem Haus verstecken. Die berühmten Geheimdienstler hatten mich im Blick.

Nun, als ich es wagte zurückzukommen, verbreiteten sie das Gerücht, dass ich dies nur täte, um meinen Vater und die Meinen zu rächen, ich sei gefährlich. Aber für mich, der ich Priester sein wollte, wer waren da die „Meinen"? Jeder ist mein Bruder, jede meine Schwester! Sobald ich zurückkam, bekam ich das Angebot, an der Universität zu lehren. Das wollte ich nicht, ich wollte den Menschen helfen. Also ging ich in meine Heimatprovinz. Überlebt hatten nur die Witwen, die mir ihr Leid klagten, deren Kinder seit vier Jahren nicht mehr zur Schule gehen durften.

Im Juli wurde ich zum Rektor des Knabenseminars ernannt, das ich als Jugendlicher selbst besucht hatte. Ich fand die Schule in wilder Unordnung vor, sie war ein Spiegel der burundischen Gesellschaft. Die Jungen konsumierten Hanf, betranken sich, streunten in Gruppen von zwanzig, dreißig Schülern in der Provinzhauptstadt herum. Hier wollte ich die Ordnung schnellstens wiederherstellen, klare Strukturen und Orientierungspunkte schaffen. Ich ließ alle Kabaretts im Umkreis zu den Zeiten schließen, in denen ich Ausgang erlaubte. Ich wies Feldarbeit an und ließ jede Klasse ihr eigenes Stück Land bearbeiten.

Meine Maßnahmen wurden schlecht aufgenommen. Ich war der Feind, das schreckliche Monster, gegen das im Januar 1978 ein Streik organisiert wurde. Aber die Seminaristen hatten nichts in der Hand, um mich anzuklagen: Sie hatten genug zu essen, ich war regelmäßig präsent, die Verteilung der Nahrung eines weltweiten Hungerprogramms war nachweislich in Ordnung. Der Auslöser für den Protest war ein junger Mann, den ich zur Behandlung nach Hause schickte, weil er unter einer Syphilis litt. Er fühlte sich ungerecht behandelt, weil er, wie er sagte, nicht der einzige Erkrankte im Seminar sei. Die Krankenschwester bestätigte tatsächlich um die zehn Erkrankungen, und ich erfuhr, dass diese Jugendlichen regelmäßig zu Prostituierten gingen. Unter ihnen waren Kinder hoher Autoritäten nahe gelegener Städte. Diese Jugendlichen begannen den Streik, um mich zu bekämpfen. Sie wehrten sich gegen die Ordnung, die ich etablieren wollte. Eine Prise ethnischer Hass würzte die Sache. Der Aufstand hätte auch schlecht für mich enden können, denn als wir Gerüchten nachgingen, denen zufolge der Rektor, also ich, getötet werden solle, fanden wir zwei Revolver in den Zimmern der Jugendlichen. Das unterstützt die These, dass die Schüler auch von außerhalb gesteuert wurden. Die Hauptverantwortlichen für den Streik konnte ich jedoch ausfindig machen und nach Hause schicken, sodass die Ordnung wiederhergestellt werden konnte.

Drei Jahre war ich Leiter des Knabenseminars. Besonders zwei Vorfälle prägten diese Zeit. Zum einen hatte ich kurz nach meiner Ankunft, am 6. August 1976, einen Unfall. Ich fuhr einen Mitbruder zu Exerzitien, als mir ein Lastwagen entgegenkam, der die ganze Straße einnahm. Ich hatte keinen Platz auszuweichen, fuhr gegen einen Baum und brach mir den Oberschenkel. Zwei Jahre lang war ich auf Krücken angewiesen, konnte mich nur mühsam bewegen, in Burundi jedoch nicht operiert werden. Die Neusser Augustinerinnen, deren Schwestern in der Diözese Gesundheitsstationen unterhielten, wurden meine Rettung: Sie bezahlten mir die Operationen in Deutschland und pflegten mich anschließend, bis ich wieder nach Burundi zurückkehren konnte. Mehrmals musste (und durfte) ich dafür nach Neuss im Rheinland reisen.

Zum anderen entdeckte ich eine schreiende Ungerechtigkeit: Ich fand heraus, dass die Hutu-Kinder bei den Abschlussprüfungen der Grundschule im großen Stil um den Zugang zu weiterführenden Schulen betrogen wurden. Um den Betrug zu verstehen, muss man wissen, wie das burundische Schulsystem bis heute funktioniert: Bis zum Ende der 6. Klasse besuchen alle Kinder die Grundschule. An deren Ende steht ein sogenannter „Concours", was man mit „Wett-kampf" oder „Wettbewerb" nur unzulänglich übersetzen kann. Mit den Zertifikaten jedenfalls konkurrieren die Kinder um die Plätze in der weiterführenden Schule, die Konkurrenz wird landesweit ausge-tragen, es ist ein nationaler Wettbewerb.

Als Rektor einer Sekundarschule, also einer der weiterführenden Schulen, saß ich sozusagen auf der anderen Seite, nahm die Kinder auf, die im Wettbewerb am besten abgeschlossen hatten. Nun, als ich mir die Zertifikate genauer anschaute, fiel mir auf, dass von den 180 Kindern, die ich aufnehmen sollte, 120! ihre Prüfungen gar nicht bestanden hatten. Sie hatten die Zertifikate von klugen Hutu-Kin-dern – hinter ihrem Rücken natürlich – aufgekauft und sich selbst an die Stelle gesetzt. Es war ein systematischer Betrug: Auf alle Arbei-ten wurde ein ‚I' für ein Tutsi-Kind oder ein ‚U' für ein Hutu-Kind ge-schrieben. Die guten Zertifikate mit einem ‚U' wurden dann syste-matisch gegen ein schlechtes Zertifikat mit einem ‚I' ausgetauscht. Wenn ausländischen Missionaren der Betrug auffiel und sie dage-gen protestierten, wurden sie sofort des Landes verwiesen. Mich konnten sie nicht ausweisen, mit mir mussten sie leben.

Im Ministerium zitterten sie vor mir, ich ließ mir ganz genau die Namen der Kinder erklären und deckte jeden einzelnen Betrug auf. Die Kinder durfte man nicht bestrafen – schließlich waren es die El-tern, die mit den Lehrern zusammengearbeitet hatten. Dennoch wurden die Kinder natürlich insofern bestraft, als dass ich in jedem Fall, den ich aufdeckte, dafür sorgte, dass der rechtmäßige Besitzer des Zertifikats seinen Platz bei einer weiterführenden Schule bekam. Diejenigen, die sich das Zertifikat nur erschlichen hatten, erhielten somit keinen Schulplatz.

Welch seltenes Glück hatten die Kinder, denen Bischof Simon zur Seite sprang, sich zu ihrem Anwalt machte und ihnen so Gerechtigkeit widerfahren ließ. Den meisten klugen Hutu-Kindern wurde dieses Glück nicht zuteil. In den Tagen, in denen wir in Kigali zusammensitzen und das Aufnahmegerät eine Lebensgeschichte nach der anderen aufzeichnet, erzählen traurigerweise alle Hutus (sowie manche der Tutsis, die einen Hutu zum Vater hatten) Variationen einer solchen Geschichte, die so viel organisierte, systematische Böswilligkeit offenbart. Immer geht es um ‚I‘ und ‚U‘ und um den Verrat von Talenten, Fleiß und Intelligenz. Der Betrug veränderte Biografien ein für allemal und stahl den begabten Kindern ihre Lebenschancen. Bei ‚I‘ und ‚U‘ geht es im Grunde immer nur um die eine Frage: Wer herrscht über wen? Auch Sr. Godelive gehörte zu den Betrogenen: „Ich habe meine 6. Klasse bestanden. Meine holländische Schulleiterin, eine Ordensschwester, wies mich mit einem breiten Lächeln im Gesicht an: ‚Sag deinem Papa, er soll dir Sachen für die weiterführende Schule kaufen, du hast den nationalen Concours bestanden.‘ Voller Stolz und Freude kaufte Papa die erforderlichen Schulsachen. Und dann wartete ich. Ich wartete auf meine Benachrichtigung. Doch die kam nicht. Auf mein Nachfragen sagte man mir, ich habe nicht bestanden. Doch das hatte ich! Ich bekam kein Zeugnis, man hatte mein Zeugnis an ein Tutsi-Mädchen gegeben, wie ich viele Jahre später erfuhr. Als ich schon in Busiga lebte, rief mich eines Tages eine Frau an. Sie sagte: ‚Ich kenne dich, wir waren zusammen in der weiterführenden Schule!‘ Das konnte nicht sein. ‚Doch, doch, du bist doch Godelive Miburo?‘ Ja, die war ich. Aber ich war nicht in der Schule. Ich bot ihr an, mich zu besuchen, wenn sie mir nicht glaubte. Also kam sie vorbei und stellte fest, dass ich wirklich nicht die war, für die sie mich hielt. Ein anderes Mädchen war unter meinem Namen mit ihr zur Schule gegangen.“

Sr. Godelive versucht den Verrat aus der Sicht der Tutsis zu erklären, erzählt, wie sie sich den Gedankengang vorstellt: „Ich verstehe sie ja. Es geht immer um Angst. Sie rechnen einfach nach: In Burundi gibt es 85 Prozent Hutus, 15 Prozent Tutsis. Die Tutsis sind also in der Minderheit. Also müssen sie dafür sorgen, dass nur ihre Tutsi-Kinder zur Schule gehen, damit später nicht die Hutus über sie bestimmen. Deswegen all die Aufregung um ‚I‘ und ‚U‘. Die Hutus sollten für immer hinter den Kühen hergehen.“ Nach diesem Erklärungsversuch des ihr zugefügten ungeheuerlichen Verrates kommt Godelive auf ihre Geschichte zurück: „Seit dem Besuch dieser jungen Frau haben die Schwestern, bei denen ich lebte, verstanden, welches Unrecht mir widerfahren war. Sie beknieten mich, zur Schule zurückzugehen, doch ich hatte Angst. Was wäre, wenn sie mich auch umbringen würden, nur weil ich wieder zur Schule ging! Denn das war es, was die Soldaten mir schon damals als Kind angedroht hatten. Doch die Schwestern bestärkten mich, versprachen, auf mich aufzupassen. Also ging ich auf ihre Berufsschule. So lernte ich nähen, stricken, sticken und wie man gute Mahlzeiten für unterernährte Kinder zubereitet. Und weil die Schwestern sagten, dass ich gut arbeite, wollten sie mich danach nicht mehr gehen lassen und schickten mich auf eine Katechetenschule.“

Dieser Verrat, den meine Interviewpartner passenderweise den „intellektuellen Genozid" nennen, beschränkt sich nicht auf die Zeit nach dem Völkermord von 1972. Ildéphonse widerfuhr viele Jahre später, Mitte der 80er-Jahre, immer noch dasselbe. „In der 6. Klasse bin ich gescheitert", erzählt er betrübt. „Obwohl ich immer unter den Besten in der Klasse war. Ich hatte auch den Concours bestanden, ich hatte wirklich bestanden!", ereifert er sich, „aber meine Ergebnisse wurden einem Tutsi-Kind gegeben. Ich hätte gerne einen zweiten Versuch gewagt, doch stattdessen musste ich auf den Hügel zurück und auf dem Feld arbeiten." Was der Betrug bewirken sollte, hat auch in seinem Fall funktioniert. Die jungen Hutus waren hoffnungslos und gebrochen.

7. Als Landpfarrer auf der Suche nach neuem Leben: keine Versöhnung ohne Liebe

„Wir können nicht einfach von vorn beginnen.
Wir können die Vergangenheit nicht ungeschehen machen.
Aber wir können etwas Neues in die verbrannte Erde pflanzen.
Zur rechten Zeit werden wir dann eine neue Geschichte ernten,
eine Geschichte darüber, wer wir sind."[14]

DESMOND TUTU

„Gitaramuka war die Sonne meines Lebens", fasst Simon Ntamwana das Jahrzehnt zusammen, das er als Pfarrer auf dem Land, als Leiter der Pfarrei in Gitaramuka verbrachte. „Hier hatte ich ein Experimentierfeld für Menschlichkeit und dafür, mein Priestersein, mein priesterliches Herz, zu entwickeln. Mein Bischof, Monseigneur Mpungu, der mich so dringlich gebeten hatte, aus Rom nach Burundi zurückzukehren, hatte mir diese Pfarrei mit Worten anvertraut, die sich tief in mein Herz gebrannt haben: ‚Seien Sie sich bewusst, dass ich Ihnen meinen rechten Arm leihe. Brechen Sie ihn nicht!'

---

14 Desmond und Mpho Tutu: Das Buch des Vergebens, Vier Schritte zu mehr Menschlichkeit, Allegria Verlag, 2014, S. 164.

Auch wenn ich morgens um drei Uhr in der Früh aufstehen musste, keinen Strom hatte und unter Wassermangel litt: Ich liebte mein Leben als Pfarrer auf dem Land sehr. In Gitaramuka, als einfacher Landpfarrer, lernte ich, ein guter Hirte zu sein. Mit den Menschen zusammen unterwegs zu sein. Die, die guten Willens waren, zu motivieren, geduldig mit den weniger Motivierten zu sein und den Fähigen das bisschen Rückenwind zu geben, das sie brauchten, um selbst zu fliegen. Hier konnte ich lernen, mein spirituelles Motto ‚Damit sie ein Leben in Fülle haben' zu leben. Es ging um spirituelle Fülle – und um ökonomische, damit die Menschen sich entfalten konnten. Fülle leben kann nur, wem die Menschenwürde und alle sich daraus ergebenden Rechte zugestanden werden – sei es in meiner Seele, sei es in meinem Körper. Würde heißt auch, keine Not leiden zu müssen. Ich werde zu einem erfüllten Menschen, wenn ich mit den anderen Menschen in Brüderlichkeit lebe, in Liebe lebe, das ist ja die Fülle, und das möchte ich auch anderen schenken. Wenn jemand nicht, wie ich es tue, an Gott glaubt, möchte ich ihn gerne auf seine Art ermutigen, seinen höchsten Wert zu verwirklichen oder in sich zu fühlen. Das wünsche ich. Ich wünsche allen Menschen, dass sie tatsächlich ihren höchsten Wert erreichen."

Dieses Ziel im Blick, gründete Simon Ntamwana in seiner Zeit in Gitaramuka zusammen mit seinem Bischof ein Entwicklungsbüro in der Region, um gegen die Not zu kämpfen. Simon beschreibt die Gegend als „sehr arm, vergessen, unterentwickelt, und es gab fast keine Schulen." Und die größte Not litten die Frauen, die der Bürgerkrieg zu Witwen und deren Kinder er zu Waisen gemacht hatte. Da für Mädchen selten eine Schulbildung bezahlt wurde, blieb den Witwen in der Regel nur, die Felder zu bestellen, um ihre Kinder zu ernähren. Oft fehlte ihnen für das

Saatgut Geld. Vom Schulgeld für ihre Kinder ganz zu schweigen. Simon Ntamwana suchte die Kinder in den Grundschulen auf, um die bedürftigsten unter ihnen zu finden. So wie Joséphines Mutter, die nach der Ermordung ihres Mannes 1972 mit ihren acht geborenen und dem ungeborenen Kind im Bauch aufs Land zu ihrem Schwiegervater ziehen musste. Ein hartes Leben wartete auf die Frau, die als Kind der königlichen Familie auf die Welt gekommen war. Joséphine erinnert sich: „Wir hatten ein Häuschen mit zwei Zimmern, wir Kinder schliefen in dem einen, Mama schlief im Wohnzimmer. Es gab keine Betten oder so, aber es gab Kühe. Die Kühe waren unser Reichtum. Immer wenn Mama ein Kind bekommen hatte, hat der Vater meines Vaters uns eine Kuh geschenkt. Als ich geboren wurde, kam eine weiße Kuh dazu, das weiß ich noch. Es war schwer, hier zu leben. Meine Mutter wusste nicht, wie sie für unser Schulgeld sorgen sollte. Mein Bruder war sehr intelligent, aber wie sollte unsere Mutter die weiterführende Schule für ihn bezahlen können? Es blieb nur ein Weg. Sie musste meinen Großvater fragen, ob sie eine der Kühe verkaufen durfte. Und das war vorerst die Lösung: Für jedes Kind, das zur Schule ging, verkaufte sie eine Kuh. Dennoch war nicht genug Schulgeld da.

Während ich zur Grundschule in Gitaramuka ging, besuchte uns eines Tages Monseigneur Simon. Er war Pfarrer in Gitaramuka. Er kam in unsere Klasse, hat sich für uns interessiert und viele Fragen gestellt. Mich hat er gefragt, wie ich heiße, wie wir leben, ob mein Vater noch lebt oder ob er ermordet worden ist, ob meine Mutter in den Hügeln wohnt, wie viele Kinder wir sind. Ich konnte sehen, dass ihn bewegte, was ich erzählte. Schließlich hat er gefragt, ob meine Mutter mal zu ihm kommen könne. ,Mama, da ist jemand, der heißt wie Papa, er heißt auch Simon, er will dich treffen', habe ich zu Hause erzählt. Meine Mutter ging also zu ihm und erzählte ihm von unserer Situation, dass sie das Land bestellte, dass wir die Kühe verkauften, um das Schulgeld zu zahlen. Als sie zurückkam, verkündete sie: ,Wir haben jemanden gefunden, der uns hilft'. Und tatsächlich ist Monseigneur dann zu uns gekommen, hat unser Häuschen gesehen und in welch kritischer Lage es war. Er half uns, ein neues Haus zu bauen, und gab uns Saatgut zum Bestellen der Felder.

So konnte auch ich weiterhin zur Schule gehen. Ich war eine gute Schülerin. Auch in der sechsten Klasse hatte ich gute Noten. Den Concours bestand ich trotzdem nicht. Ich galt als Hutu-Kind oder als „mélangé", als Mischlingskind. Ich wurde um mein Ergebnis betrogen. Aber damit man den Betrug nicht merkte, haben sie meine Ergebnisse an ein Tutsi-Kind in einer anderen Provinz weitergegeben. Monseigneur suchte daraufhin eine andere Schule in der Nähe von Bujumbura für mich. Wieder hatte ich gute Noten, wieder bestand ich die Abschlussprüfung nicht. Meine Lehrer fragten immer, wer mein Vater sei. Da er ein landesweit bekannter Hutu-Beamter gewesen war, half es wenig, die Provinz zu wechseln. Monseigneur versuchte es weiter, doch ich war erschöpft. Ich wollte die allgemeinbildenden Schulen, die zum Abitur führen, hinter mir lassen. Monseigneur besorgte mir dann einen Platz in einer Berufsschule bei Schwestern, die ich noch vier Jahre besuchte.

Meinen kleinen Geschwistern erging es genauso wie mir. Wir konnten einfach nicht gewinnen. Meine Schwestern wechselten deshalb nicht nur die Schule, sondern auch den Familiennamen, gingen weit weg zur Schule. Mein Bruder war sehr begabt, er durfte sogar an der Universität studieren. Doch auch ihn holte seine Herkunft schnell ein: Er scheiterte in jeder Prüfung, bis er schließlich zermürbt aufgab und sich Arbeit in der Bank von Gitega suchte."

In den Jahren in Gitaramuka hatte Simon Ntamwana die Gelegenheit, eine Gemeinschaft aus den Menschen in seiner Gemeinde zu schaffen, wie er es sich vorstellte. Der Prozess, den die katholische Kirche von Burundi durchlief, spielte ihm in die Hände, wie er mir erzählt: „Ende 1976 gab es eine Synode, also eine Versammlung der Bischöfe. Die Bischöfe von Ruanda und Burundi gehörten damals zu einer Bischofskonferenz. Die Konferenz beschloss eine größere Beteiligung der Gemeindemitglieder der Basis, an den Entscheidungen der Kirche. Diese Synode umzusetzen, war sehr anspruchsvoll. Ich habe diesen Prozess organisiert und für alle relevanten Felder fähige, integere Christen (‚Abaserukizi‘), also Katecheten, gesucht. Außerdem mussten Repräsentanten gewählt werden. Um sie auszusuchen, hielten wir in allen Hügeln Wahlen ab."

Über diese Prozesse in den Anfangsjahren, als der Landpfarrer Simon Ntamwana die Menschen aufmerksam anschaute und ihnen Aufgaben antrug, sind manchmal Lebensaufgaben entstanden. Während Joséphine den Pfarrer als Schutzengel, als Anwalt ihrer Familie kennenlernte, hat er Sr. Godelive und Emmanuel als „fähige Christen" angesprochen. Die Ordensschwestern und Lehrerinnen, die Sr. Godelive zu einer Berufsschulausbildung gedrängt hatten, waren von ihren Schulergebnissen so beeindruckt, dass sie ihr antrugen, auch noch eine Katechetenschule zu besuchen. „Danach habe ich Monseigneur kennengelernt, in der Diözese in Muyinga. Ich brachte dort den Grundschullehrerinnen bei, wie sie Religion unterrichten sollten", berichtet sie. Und Emmanuel erzählt: „Monseigneur kam in unsere Gemeinde, ich beobachtete ihn, er begeisterte mich. ‚Das Leben in Fülle‘ war sein Motto. Er kümmerte sich vor allem um die Witwen und Waisen. Die Waisen sollten zur Schule gehen können und so sorgte er irgendwie für die Bezahlung der Schulgelder. Monseigneur wollte mit den kleinen Leuten zusammen sein, mit den Menschen vom Land. Ich selbst half als Katechet in der Gemeinde mit. Aber ganz gleich, wie friedlich mein Leben äußerlich in diesen Jahren aussah, im Inneren gärte es, von mir unbemerkt, weiter. Mein Unterbewusstsein hatte die Verletzungen von 1972 gespeichert. Schon ein paar Jahre später würde mir das zum Verhängnis werden." Was Simon Ntamwana unter einem fähigen Christen versteht, erläutert er so: „Es geht um christliche Reife. Darum, ein Bewusstsein dafür zu haben, dass ich, wenn ich ein Mitglied der Kirche bin, auch die Pflicht habe, das Leben dieser Kirche mitzugestalten. Dass ich mich freiwillig daran beteilige, etwas von meinem Geld für die Kirche gebe. In Burundi verdienen Priester nichts, sie leben von dem Geld, das Menschen aufbringen können, wenn für ihre Verstorbenen eine Messe gelesen wird. Die Gemeinde hat für die Aufgaben, die sie sich stellt, selbstverständlich auch nur das Geld zur Verfügung, das die Gemeindemitglieder zusammenlegen. Das Mindeste, das reife Christen aufbringen sollten, ist der biblische Zehnte, also zehn Prozent von dem Geld, das sie selber haben. In den anderen Kollekten sollten sie ganz frei sein. In diesen Jahren gründeten wir Basisgemeinschaften. Das bedeutete, dass 20 bis 30 Familien unmittelbar zusammenwohnten. Sie versammelten sich, teilten die Bibel miteinander, deuteten das Leben also christlich und lebten gemeinschaftlich, urkirchlich zusammen. Wir alle entwickelten gemeinsam eine schöne Pfarrgemeinschaft, die Verantwortung für Gott und für die Menschen trug."

Es war ein großes Wagnis, den Prozess, in dem die Menschen, innerhalb der Kirche mehr Verantwortung tragen und immer mehr beteiligt werden sollten, „Wahlen" zu nennen. Tatsächlich versuchte das Regime, damals unter dem Präsidenten Bagaza[15], diesen Prozess entschlossen zu bekämpfen. Simon Ntamwana erzählt, warum: „Sie verdächtigten uns, die Autorität der Verwaltungsbeamten auf diese Weise zu untergraben." Er selber hat, ganz persönlich, viel gelitten. „Kontinuierlich und systematisch wurde ich verleumdet, beschattet und verfolgt. Ich wurde von einer völlig übertriebenen Menge von Beamten überwacht, von Montag bis Sonntag. Die Beamten notierten, mit welchem Auto ich fuhr, welche Personen ich traf und bei wem ich einen Krankenbesuch machte. Die Überwachung wurde auf meine ganze Familie ausgedehnt: Wen hat meine Mutter besucht? Wer hat meine kleinen Schwestern in der Schule aufgesucht? All dies ist irgendwo aktenkundig gemacht worden. Es war eine schwere Bürde. Und warum? Ich weiß es nicht. Ich glaube, das Regime hatte einfach Angst vor mündigen Bürgern. Es ist eben so viel einfacher, unwissende Menschen zu beherrschen! Nach einer Weile hat es mich nicht mehr wirklich gestört. Meine Predigten schrieb ich immer auf. Wenn sie kamen, um mich zu befragen, gab ich ihnen einfach die Manuskripte. Außerdem, abgesehen davon, dass es natürlich Opportunisten unter den Beamten gab, weiß ich, dass die allermeisten von ihnen die Kirche gegen ihren Willen verfolgten. Ich nehme es ihnen auch nicht übel, sie haben nur ihre Befehle ausgeführt. Aber es war eine schwierige Zeit, auch für die Christen, die sich in Basisgemeinden zusammengefunden hatten, um in der Bibel zu lesen und sich gegenseitig im Leben zu unterstützen. Es war beispielsweise den Laienchristen untersagt, werktags die Frühmesse zu besuchen. Wer dennoch in der Woche vor der Arbeit in die Messe ging, kam ins Gefängnis."

---

15 Jean Baptiste Bagaza war von November 1976 bis September 1987 Präsident von Burundi.

Alle, die nach Kigali gekommen sind, um mir ihre Geschichte zu erzählen, mussten zu irgendeiner Zeit mit diesen Verleumdungen von Simon Ntamwana umgehen. Völlig egal, ob in den 70ern, 80ern oder 90ern, ob Simon Ntamwana Pfarrer in Gitaramuka auf dem Land, Bischof in der Hauptstadt Bujumbura oder Erzbischof in der Provinzhauptstadt Gitega war, ganz gleich also, wann, wo und unter welchen Umständen die Menschen sich Simon Ntamwana angeschlossen haben, sie mussten über die Gerüchte hinwegsehen. Aber indem sie das taten, machten sie sich alle in den Augen des Regimes selbst verdächtig. Adèle zum Beispiel erzählt, welche Hürde sie nehmen musste, als sie sich in den 90er-Jahren entschloss, einen Vortrag von Bischof Simon zu besuchen: „Vorher hatten wir immer nur von anderen Menschen gehört, dass Ntamwana ein böser Mann sei. Ein ungerechter Mann, ein Mann, der die Tutsi nicht mag, ein Völkermörder. Ein Mann, der die Menschen, die andere massakriert hatten, unterhält und ernährt. Man sagte alle Übel, die ihn herabsetzen sollten, alles, um zu zeigen, dass er nichts wert war."

Die Zeit in Gitaramuka war also einerseits von einem großen, humanitären Aufbruch geprägt. Innerhalb der zusammenwachsenden und Menschen in Not unterstützenden Pfarrgemeinde bildeten sich viele kleine, sich untereinander in Solidarität übende Basisgemeinden. Andererseits wurde alles, was da entstand, äußerst penibel und leidvoll überwacht. Im Spannungsfeld zwischen diesen Polen säte Simon Ntamwana den Samen der Versöhnung, arbeitete an seinem Lebensziel. Auch, was seine eigene Geschichte betraf:

„Wenn wir akzeptieren, dass Opfer und Täter Menschen sind, können wir eine neue Geschichte schreiben, eine, in der wir, statt die Opferrolle zu spielen, zu Überlebenden werden. Vielleicht sogar zu Helden."[16]

DESMOND TUTU

In dieser Zeit erfuhr ich, wer genau der Mörder meines Vaters gewesen war, wer meinen Vater an welchem Tag ermordet hatte. Eine Ahnung hatte ich immer, denn es waren ja Staatsbeamte gewesen, die die Morde in Auftrag gegeben hatten, ich wusste also, aus welcher Gruppe der Mörder kommen musste. Aber ich wusste nicht, wer er war. Die Entdeckung passierte ganz zufällig. Menschen aus der Umgebung der Pfarrei kamen zu mir. Sie berichteten, was sie abends in der Trinkstube am Nachbartisch gehört hatten. Jemand hatte erzählt, dass sie dieses Mal den richtigen Menschen als Pfarrer in die Gemeinde bekommen hätten. Und hinzugefügt: „Den werden wir auch einfach wegmachen, wie seinen Vater". Ich habe mir das angehört und ein bisschen gewartet. Schließlich war die Person, die mir davon erzählte, auch bereit, mir den Namen des Mörders meines Vaters zu nennen. Zwei, drei Monate ließ ich mir Zeit, um mich innerlich gut vorzubereiten, mir genügend Ruhe und Abstand zu erarbeiten. Dann bat ich diesen Mann, zu mir in mein Pfarrbüro zu kommen. Es war ein Mann der damaligen Behörde aus Mukenke. Dieser Mann kam mit Misstrauen und Angst zu mir, aber er kam. Zuerst plauderte ich, wie ich es in jedem Gespräch tue, ein paar Minuten mit ihm. Fragte, wie es ihm gehe, wie es der Familie gehe usw. Und schließlich sagte ich: „Ich habe gehört, dass du meinen

---

16 Desmond und Mpho Tutu: Das Buch des Vergebens, Vier Schritte zu mehr Menschlichkeit, Allegria Verlag, 2014, S. 53.

Vater ermordet hast". Einfach so habe ich es gesagt. Da war er wie erschlagen, damit hatte er keine Sekunde lang gerechnet. Seine Familie war eine regierende Familie in meiner Heimat Mukenke gewesen, war aber von dort weg in unsere Gemeinde gezogen. Der Mann saß da, er hat nur geschaut, aber nicht mehr gesprochen. Ich habe auch nichts mehr gesagt, so haben wir beide geschwiegen. Sicher eine Viertelstunde lang. Dann sagte er: „Ich habe deinen Vater sterben sehen". Noch eine Weile später fügte er hinzu: „Ich war in der Truppe. Dann haben wir geschossen." „Ist er denn sofort gestorben? Wo liegt er denn begraben? Wohin habt ihr meinen Vater zum Sterben gebracht?", wollte ich wissen. Aber ich bekam keine Antworten mehr. Der Mann war wie mumifiziert. Und er war so überrascht, dass ich Bescheid wusste.

Von nun an kam seine Familie noch öfter zur Pfarrei. Sie wollten zeigen, dass sie keine bösen Menschen waren und dass sie niemals gegen die Kirche gewesen sind. Die anderen Christen begannen zu reden. „Ha, der Pfarrer soll etwas gewusst haben", „Der Pfarrer hat genau gewusst, was sie getan haben, bevor diese Leute in unsere Pfarrei gezogen sind", sagten sie. Ein Gemeindemitglied sprach mich sogar direkt an: „Wie kannst du nur mit dieser Familie sprechen?", wollte er wissen, „immerhin erzählen sie, dass sie deinen Vater umgebracht haben". „Aber genau deswegen will ich ja mit ihnen sprechen", antwortete ich.

Es waren schwierige Wochen, bis ich mich von dem Gespräch und den Tuscheleien frei machen und innerlich wieder Ruhe finden konnte. Ich betete viel, vor allem Psalme. Und dann vertraute ich mich einem Mitbruder an. So fühlte ich mich in der brüderlichen Gemeinschaft, die an mich dachte, die diese Offenbarung, die ich endlich bekommen hatte, mittrug, geborgen. Aber natürlich musste ich mit dieser Familie fertigwerden, musste einen guten Umgang mit ihr finden. Ich wollte nicht in der Vermeidung, in einem Abstand zu ihr bleiben. Ich fühlte keine Trauer, keine Wut. Das Wissen darum, was durch wen geschehen war, war genau die richtige Heilung für mich. Das Ganze passierte zum Jahresanfang 1980. Ich nahm mir vor, dem Mörder meines Vaters zu Ostern zu sagen: „Sei nun ruhig, du hast ja unter Befehl gestanden. Habe keine Angst, komm mich wieder mal besuchen." Und so habe ich es gemacht.

Der Mann, der meinen Vater ermordet hatte, freute sich sichtlich, dass ich ihn nicht als Feind ansah. „Danke", sagte er, „danke, dass du mir verziehen hast. Danke, dass du mit mir versöhnt bist." Er hat sich nie erklärt, er hat nur gesagt: „Ich war in der Truppe, ich war kein schlimmer Mensch. Ich bin nicht böse". Und er war ja auch schon im Ruhestand. Das war sehr wichtig für ihn, dass er ja doch sozusagen ein wenig Abstand zur Armee gewonnen hatte. Er war sanftmütiger, nicht mehr so dominant. Später kam die ganze Familie ohne zu zögern zu mir. Die Versöhnung tat mir gut.

So gerne Simon Ntamwana in Gitaramuka als Pfarrer geblieben wäre – Rom hatte andere Pläne für ihn.

8. Als Hauptstadtbischof im Widerstand für das Leben: der „zweite" große Völkermord

„Der Mensch ist furchtbar klein,
wenn er nur an sich selber denkt.
Das macht ihn klein,
schwach und machtlos."[17]

MICHEL KAYOYA

Am 14. November 1988 bekam ich den Anruf von der Nuntiatur: Ich sollte Bischof in Bujumbura werden. Ich freute mich nicht. Bis heute nicht. Es waren andere, die dieses Amt eher verdient hätten. Ich bin nicht der Beste. Ich habe mich zwar angestrengt, aber andere sind intelligenter, besser als ich.

Zudem: Ich war so gerne in Gitaramuka. Ich liebte die Menschen dort, bis heute sind wir verbunden. Ich verließ Gitaramuka mit dem Gefühl, meine Aufgabe noch nicht erfüllt zu haben. Ich musste gehen, ohne dass es genug Menschen gegeben hätte, die die Gegend seelsorgerisch betreuten. Das schmerzte mich sehr.

---

17 Michel Kayoya: Auf den Spuren meines Vaters, Jugenddienstverlag, 1973, S. 58.

In Bujumbura erwartete mich eine explosive Situation. Ein Jahr zuvor, 1987, hatte der Major Pierre Buyoya sich selbst durch einen Militärputsch zum Präsidenten eingesetzt. Die ethnischen Spannungen verschärften sich. Und ich kam als erster Hutu-Bischof, den es in Burundi je gegeben hatte!

Zudem: Mein Vorgänger war 32 Jahre im Amt gewesen, natürlich hatte er sein Bistum stark geprägt. Ich suchte meinen Weg, die Menschen kennenzulernen, ihnen nicht sofort etwas Neues überzustülpen und zugleich meiner Mission, unser Volk zu versöhnen und zu einen, treu zu bleiben. 1990 veröffentlichte ich meine Ideen zu diesem Thema, schrieb darüber, wie die Menschen in Burundi wieder ein geeintes Volk werden konnten, warum sie so gespalten waren und was es bräuchte, um diese Spaltung zu überwinden. In meinen Augen ist es zu kurz gegriffen, die Gründe nur und ausschließlich in den Übeln der Kolonialzeit und der Unterdrückung durch die Kolonialherren zu suchen. Mit Bezug auf Moses, der im ersten Testament den Pharao bittet, das Volk Israel aus der Sklaverei zu entlassen, nannte ich dieses Thesenpapier „Laisse partir mon peuple – Lass mein Volk ziehen" und richtete mich darin natürlich auch an die Regierenden. Im Kern bezog ich mich auf die Würde, die jedem, jedem, jedem! einzelnen Menschen innewohnt. Soll Würde politisch-gesellschaftlich gelebt werden können, braucht sie demokratische Strukturen. Keinesfalls kann politische Macht, die von clanartigen Strukturen ausgeübt wird, der Menschenwürde jedes Einzelnen gerecht werden. Ich schloss mein Papier mit dem leidenschaftlichen Ruf: „Laisse partir mon peuple vers la Terre promise à tous les Burundais, les Hutus, les Tutsi et les Twas – Lass mein Volk in das gelobte Land ziehen, das allen Burundern, den Hutus, den Tutsis und den Twas, versprochen worden ist."

Dieses Papier wurde viel diskutiert in Burundi und brachte mir, ebenso wie die Mitarbeit in der „Ligue d'Iteka", einer burundischen

Menschenrechtsorganisation, die ich mitgegründet hatte[18], den Namen „Prélat rebelle – Der Rebell unter den Prälaten" ein. Wir waren eine Gruppe Intellektueller aus Bujumbura. Bischof Bernard Bududira, Vorsitzender der Bischofskonferenz, und ich wurden von den Mitgliedern zu den Sprechern der Menschenrechtsorganisation gewählt. Die regierenden Politiker empörten sich darüber und wollten uns unbedingt absetzen lassen. Rat und Unterstützung bekam ich von Papst Johannes Paul II., der mich bei meinem routinemäßigen Besuch in Rom eindringlich bat, an meinen Versöhnungsplänen festzuhalten. Und als Papst Johannes Paul II. uns 1990 in Burundi besuchte, nahm er in knapp 26 Stunden 41 Mal das Wort Versöhnung in den Mund.

All das aber machte die Überwachung durch den Geheimdienst nur noch schlimmer, als sie es in Gitaramuka schon gewesen war. Sie erfanden wilde Geschichten darüber, wie ich angeblich ein Waffenlager im benachbarten Ausland unterhielt, Lastwagen und Panzer sollte ich gekauft, Männer organisiert haben, die dann in meinem Auftrag gegen die Regierung putschen und die Tutsis vernichten sollten. Die Kampagne lief unter dem Namen: „Die Affäre Simon" oder auch „Die Affäre Versöhnung".

Meine ersten Jahre als Bischof in der Hauptstadt Bujumbura spielten sich in einem sich ständig weiter politisierenden Klima ab. In Burundi, wie in vielen Ländern Afrikas, wurde in diesen Jahren der Ruf nach politischer Teilhabe, nach mehr politischer Gerechtigkeit und nach Demokratie immer lauter. Der Protest richtete sich gegen die Tatsache, dass sowohl die Armee als auch die politische Kaste zu über 95 Prozent aus Tutsis bestanden – obwohl diese ja nur 15 Prozent der Bevölkerung ausmachten. Und tatsächlich: 1993 fanden die ersten demokratischen Wahlen statt. Zum ersten Mal wurde ein

---

18 vgl. beispielsweise: http://grotius.fr/burundi-la-ligue-iteka-et-les-medias/#.Wc_TDsZpGM8, zuletzt abgerufen am 20.11.2017.

Hutu Präsident von Burundi. Doch die Freude über das neue politische System währte nur kurz. Wenige Stunden nach der Wahl explodierte die Gewalt in Burundi wieder, brach ein mörderisches Flammeninferno los. Tutsis, die den neuen Präsidenten und seine Regierung nicht akzeptierten, ermordeten ihn. Daraufhin wurde die Wut der Hutus endgültig entfesselt. Und wieder war ich nicht da. Ich war kurz vor der Wahl zu einem Besuch nach Kanada aufgebrochen, einerseits besuchte ich dort die NGO „Terre sans frontières", andererseits warb ich dort um Unterstützung für unsere eigenen Hilfsprojekte. So erfuhr ich von den Gräueltaten in der Heimat nur aus zweiter Hand: Es war 19 Uhr am Abend in Burundi und ein Uhr in der Früh in Montreal, als ich einen Anruf und die Nachricht bekam. „Simon, es hat einen Staatsstreich in Burundi gegeben." Natürlich entschied ich, sofort nach Hause zu fliegen. Ich nahm das erste Flugzeug nach Bujumbura. Der Flug beinhaltete einen Zwischenstopp in Brüssel, von wo aus wir schließlich eine Woche lang nicht weiterreisen durften. Wie lang ist mir diese Woche geworden, in der zu Hause das Gemetzel und die Brände, die Straßensperren von der Bevölkerung oder dem Militär stattfanden! Eine Woche voller Tränen und Toter, die nicht bestattet wurden.

Während Bischof Simon in Brüssel festsaß, litten in Burundi Hunderttausende Menschen in den Gräueln des Völkermordes. Hunderttausende, denen es so erging wie Adèle.

Adèles Geschichte ist leider extrem, fast unvorstellbar grausam. Es fällt schwer, sie anzuhören, es ist schwer, sie aufzuschreiben, und natürlich auch schwer, sie zu lesen und sich dabei zwangsläufig vorzustellen. Immer wieder sagen Menschen mir, es sei ihnen unmöglich, solche Berichte zu lesen. Das will ich ernst nehmen. Falls Sie zu diesen Menschen gehören, dann schlage ich Ihnen vor, Adèles Geschichte zu überspringen.

Warum ich diese Geschichte hier dennoch erzähle? Weil ich sie mir als Autorin nur anhören und aufschreiben muss. Natürlich fällt auch mir das nicht leicht. Aber ich muss sie mir nur vorstellen – Adèle musste sie physisch und psychisch erleben. Einerseits möchte ich ihr damit wenigstens die Möglichkeit geben, ihre Wahrheit sagen zu können. Andererseits hoffe ich inständig, dass ihr Bericht uns eine Mahnung ist, wie weit Menschen in der Lage sind zu gehen, um andere Menschen zu verletzen, zu entwerten und zu demütigen. Möge Adèles Geschichte ähnliches Leid in Zukunft verhindern helfen.

Was nun ist ihr zugestoßen? Und wie ist es Adèle ergangen, seit sie als kleines neunjähriges Mädchen zusehen musste, wie Menschen ihrer Ethnie, Tutsis also, die Väter ihrer Hutu-Freunde, mit denen sie ihre ganze Kindheit über gespielt hatte, ermordeten? Sie sah, wie die Hutu-Witwen mit den Hutu-Waisenkindern aus ihrem Dorf verschwanden – und die kleine Adèle war sich sicher: Sie werden groß werden, zurückkommen und sich rächen. Nun, so kam es: Die Hutu-Kinder wurden erwachsen und rächten sich grausam.

Dabei war Adèle selbst, obwohl sie eine Tutsi war, von schreiender Ungerechtigkeit betroffen. Und so erzählt sie: „Irgendwie hatte ich immer das Gefühl, dass das Pech mich verfolgte. Nach der Schule durfte ich aufgrund meiner regionalen Zugehörigkeit meinen Beruf nicht frei wählen. Wie gerne wäre ich Krankenschwester geworden! Doch das war den Kindern aus dem Süden des Landes vorbehalten. Ich musste Lehrerin werden. Also arbeitete ich nach der Schulzeit vier Jahre in diesem Beruf, bevor ich meinen Verlobten Norbert heiraten wollte. Doch auch hier holte mich das Pech ein: Am Tag der Hochzeit, um drei Uhr, ich war schon schön gekleidet, kam meine Familie zu mir, um mir zu sagen, dass Norbert gerade gestorben sei. So schnell konnte niemand etwas dagegen tun. Ihm wurde schlecht, doch bevor er das Krankenhaus erreichte, war er schon tot. Ich war zu der Zeit schon hochschwanger und verstand die Welt nicht mehr. Die Familie bezeichnete mich schon als ‚Pechbringer‘. So unwirklich es war, fand am nächsten Tag die Beerdigung des Vaters meines ungeborenen Kindes statt, und es erschienen all jene Gäste, die eigentlich zur Hochzeit eingeladen worden waren.

Ich dachte nicht, dass ich das verkraften würde. Das Baby in meinem Bauch hatte aufgehört, sich zu bewegen und so befürchtete ich, dass es seinem Vater folgen würde. Doch wenige Wochen später kam ein gesunder Junge auf die Welt und wollte leben. Da ich nicht wusste, wovon ich das Kind ernähren sollte, zog ich zu meinem Schwiegervater in den Osten des Landes an die Grenze zu Tansania. Das war so weit weg von meiner Familie und zudem eine furchtbar arme Gegend. Aber irgendwie schlug ich mich durch. Ich arbeitete als Lehrerin, suchte mir ein Fleckchen Erde, um dort Gemüse anzubauen und konnte so für mein Kind und mich sorgen. Die Leute dachten, ich hätte noch einen geheimen Mann, einen Mann, der sich irgendwo versteckt, aber ich habe alles alleine gemacht. Das heißt, eigentlich hatte ich schon einen Mann im Geheimen, ich hatte auch ein neues Kind von ihm –, aber er gehörte zu einem Orden und bekannte sich nicht – noch nicht – zu mir. Meinen Alltag musste ich ganz alleine bewältigen.

Und dann kam alles so, wie ich es schon in Kindertagen gefürchtet hatte: Die Rache kam. 1993 kamen die Opfer des Krieges zurück. 1993 haben sie alles zerstört, was wir hatten: die Häuser, die Felder, unsere gesamte Existenzgrundlage. Als sie über uns einfielen, riss einer von ihnen mir meinen dreijährigen Sohn weg, den ich an der Hand hatte. Um ihn zu retten? Um ihn zu töten? Ich weiß es nicht. Aber vielleicht, um ihn zu retten, denn ich fand mein Kind später wieder und es ging ihm gut. Aber das wusste ich erst nach vielen Monaten. An diesem Abend war mein Kind plötzlich einfach weg. Sie vergewaltigten mich. Dann nahmen sie mein Baby, das ich zuvor im Arm gehalten hatte, und warfen es den Schweinen im Schweinestall in der Nähe vor. Sie zwangen mich, dabei zuzusehen, wie die Schweine mein Baby fraßen. ‚Du bist eine Tutsi, du hast uns so viel Leid zugefügt, du trägst das Böse im Blut, du hast es verdient', sagten sie zu mir."

Meine Augen sind vom Zuhören weit aufgerissen. Ich merke, dass ich den Atem anhalte und mich kaum traue, weiterzufragen: „Aber wie konnte das passieren?", frage ich dann vorsichtig doch. Adèle blickt mich mit traurigen Augen an, dann hebt sie wieder an: „Es waren einfach zu viele Menschen, junge und alte. Alle kamen sie mit ihren Macheten." „Hast du jemanden von ihnen gekannt oder erkannt?", will ich wissen. „Aber ja, natürlich, es waren doch meine Nachbarn. Sie waren zum Beispiel Eltern der Kinder, die ich unterrichtete. An diesem Tag brach die Katastrophe über uns alle herein. Sie schrien wild durcheinander: ‚Allez – los! Du machst, was wir sagen!' Alle Tutsis aus der Nachbarschaft wurden in einen großen Raum gepfercht. ‚Adèle, sort – Adèle, rauskommen!', rief plötzlich jemand. Meinen Dreijährigen hatten sie mir zu dem Zeitpunkt schon weggenommen. Mit dem Baby auf dem Arm trat ich also vorsichtig aus dem Saal heraus. Vor der Tür standen schon einige andere Tutsis in einer Reihe. Wir wurden runter zum Fluss gebracht. Auf dem Weg dorthin war es, dass sie mein Baby den Schweinen zum Fraß vorwarfen. Begleitet von ihrem Jubel und dem Geschrei: ‚Gut so, so ist es gut. Ein Tutsi-Verbrecher weniger. Gut, gut, gut. Gut gemacht.' Ich konnte mein Kind nicht begraben, es war nichts mehr von ihm da. Dann versetzten sie mir einen Schlag und warfen mich in ein Massengrab. ‚Wie gut, wie gut, wie gut, sie ist tot, sie ist tot‘, riefen sie immer wieder im Chor. Doch sie bemerkten, dass ich noch gar nicht tot war. Also kletterte einer von ihnen zu mir ins Grab und ich hörte, wie sie mit der Machete meinen Arm abgeschlagen, meinen Kopf gespalten haben. Dann endlich gingen sie weg. Was blieb, war die Stille. Ich lag auf und unter toten Menschen, konnte meinen halben Arm aus dem Augenwinkel sehen. Als ich ganz sicher war, dass sie weg waren, schob ich die Leiche über mir zur Seite und kroch aus dem Massengrab. Es war alles voll Blut, überall, überall. Ich schleppte mich ins Moor und versteckte mich dort. Immer noch sah ich so viel Blut. Das Blut gerann aber seltsamerweise sofort. Den ganzen nächsten Tag über fand mich niemand und ich traute mich auch noch nicht aus meinem Versteck. Ich wunderte mich sehr, dass mir niemand begegnete. Als es wieder dunkel wurde, kroch ich im Schutz der Dunkelheit zu einer befreundeten Familie, denen meine ethnische Zugehörigkeit gleichgültig war und die nicht weit entfernt wohnte. ‚Wo ist dein Baby?‘, war das erste, was sie mich fragten. Ich wünschte mir so sehr, sie würden mich nicht weiter fragen, damit ich mich nicht erinnern müsste. Doch schließlich antwortete ich: ‚Bei den Schweinen ist mein Kind.‘ Auf die Frage, wo Kevin, mein Dreijähriger, war, hatte ich keine Antwort. Er war weg. Die Familie war zum Glück geistesgegenwärtig genug, Salz auf meinen verwundeten Arm zu streuen. Es tat schrecklich weh, war aber gut. Abends kamen dann die Leute von der Regierung mit einem Flugzeug und flogen mich in ein Krankenhaus. Dort konnten sie meinen Arm aber nicht mehr retten.“

Am Ende des Interviews sitzen wir uns erschöpft gegenüber. Adèle von der Anstrengung, sich wieder an ihre Geschichte zu erinnern – und ich von der Anstrengung, ihr dabei in die Augen zu schauen und zu wissen: All das ist nicht einfach nur irgendeine fürchterliche Geschichte, noch eine grausame Geschichte mehr für die Welt. Nein, das ist ihre, Adèles, Geschichte. Die Geschichte der Frau, die über den Stumpf ihres rechten Arms immer ein lustiges Kindersöckchen stülpt und ihn so selbstverständlich benutzt. Und auch der Frau, die in den Tagen in Kigali so viel lacht. Und tanzt. Und sehr, sehr zugewandt und fürsorglich in der Gruppe agiert.

„Verstehen" kann man, kann ich, kann, glaube ich, niemand, was in Menschen, die während solcher Gewaltexzesse zu Tätern werden, vorgeht. Ich finde es aber immer wichtig, ihnen zuzuhören, sie zu sehen, zumindest zu versuchen, sie zu verstehen. Mit allem Respekt davor, dass wir sie letztlich eben nicht verstehen können. Aber, wenn wir es nicht tun, wie soll dann das ganze Bild entstehen können? Egal ob Täter oder Opfer – *alle* Beteiligten eines solchen Gewaltexzesses sind Menschen, niemand davon ist ein Monster. Und auch kein „Un-Mensch". Das Wort „unmenschlich" habe ich aus meinem Wortschatz gestrichen, in meinen Augen suggeriert es eine Unterscheidung, die es nicht gibt. Unmenschen sind schließlich Menschen und alles „Unmenschliche" wird ausschließlich von Menschen getan. Täter sind deswegen in meinen Augen auch keine Monster – sondern Menschen, die monströse Dinge tun. Deshalb hatte ich Bischof Simon gebeten, nicht nur Opfer, sondern auch Täter anzusprechen, als es darum ging, die Gruppe zusammenzustellen, die ich in Kigali würde interviewen dürfen. Wie sonst sollte ich versuchen können, mich der Situation anzunähern? „Wenn du das wirklich möchtest, ist das kein Problem", sagte der Bischof. Und in der Tat war Emmanuel in der Gruppe, die von Burundi nach Kigali aufbrach, um über seine Wunden des Völkermordes zu sprechen.

Einen ganzen Nachmittag lang sitzt Emmanuel inmitten seiner heutigen Freunde und Weggefährten im Versöhnungswerk auf der Terrasse des großen Hauses am Stadtrand von Kigali auf Stühlen mit hohen Lehnen vor einem niedrigen Tischchen und erzählt, wie er vom Bibelkatecheten zum Mörder wurde. Wenn auch an anderer Stelle im Land, so stand der Hutu Emmanuel im Oktober 1993 nach dem Putsch exakt auf der anderen Seite der Geschichte als die Tutsi Adèle. Emmanuel war Teil des mordenden Mobs.

Emmanuel sitzt den ganzen Nachmittag über mit sehr geradem Rücken da. Seine Augen, seine Stimme, seine Stimmführung, alles an ihm erzwingt unbedingte Aufmerksamkeit. Unerbittlich gegen sich und durchaus auch gegen uns, seine Zuhörer, erzählt er Stunde um Stunde. Holt weit aus, damit wir seine Analyse des Landes und seines Verhaltens verstehen können: „1993 brach eine weitere Krise über Burundi herein und ließ unser Land kopflos werden. Diejenigen, die die neuen Führer sein wollten, waren Flüchtlinge von 1972, die sich repatriierten. Sie waren in meinem Alter. Die Geschichte nach der Kolonialisierung hat gezeigt, dass in unserem Land nur eine Ethnie die andere beherrschen konnte, nicht aber beide Ethnien friedlich nebeneinander leben konnten. 1972 hatten sie alle Hutus, die schreiben oder lesen konnten, aus den „Collines" eliminiert. Aber jetzt war ich kein Junge mehr wie damals, jetzt war ich ein Erwachsener. Ich hatte in Ruanda eine Ausbildung zum Bibelkatecheten gemacht und dabei auch verschiedene Modelle, eine Gesellschaft zu analysieren, kennengelernt. Auch die Analyse von Marx. In diesen Tagen habe ich mich isoliert und habe mir alles, was ich gelernt hatte, immer und immer wieder ins Gedächtnis gerufen. Aber der Reihe nach.

Am ersten Tag der Krise kam ein Mann aus der Gemeinde zu meinem Haus gelaufen, er war ein Tutsi. Er wurde verfolgt und ich half ihm, versteckte ihn in meinem Haus. Er lebt im Übrigen bis heute. Im Zentrum der Stadt, überall brannte es zu diesem Zeitpunkt schon. Mein zweites Kind war malariakrank, doch die Schwestern kamen mit den Medikamenten nicht bis zu uns durch. Auf den Straßen herrschte Chaos.

Meine „Colline natale", mein Heimatdorf, lag 11 Kilometer von uns entfernt. Ich wollte dorthin gehen, um mit einem Tutsi zu sprechen und zu schauen, was wir machen. Als ich aber dort ankam, war er schon ermordet worden. Also machte ich mich wieder auf den Weg nach Hause zu meiner Familie. Ich musste eine andere Lösung finden. Es musste eine Lösung geben. Es würde doch eine Lösung geben? Sollte ich beten? Drei Tage lang schloss ich mich in meinem Zimmer ein, um herauszufinden, was ich tun konnte. Was tun? Was tun? WAS TUN??" Die ganze Verzweiflung, die ganze innere Not von damals, schreit Emmanuel jetzt heraus. „Ich ließ alles Revue passieren, was ich in Ruanda gelernt hatte, vor allem und immer wieder dachte ich über Karl Marx nach. Immer wieder dachte ich über die Begriffe und seine Analyse über Superstruktur und Infrastruktur, über herrschende und beherrschte Klasse nach. Die Superstruktur der Gesellschaft, das war der Rahmen, die Regierung, die Exekutive, die Justiz usw. Wenn man diese Superstruktur anschaute, und das tat ich, dann sah ich, dass die Hutus seit 20 Jahren unterdrückt wurden. Es gab zum Beispiel nur zwei Hutu-Minister überhaupt in einer Regierung. Ich sah seit 1972 20 lange Jahre Unterdrückung der Hutus, keine Minister. Marx war uns in der Ausbildung als eine Art Wissenschaft, seine Analyse als eine wissenschaftliche Analyse vorgestellt worden. Mithilfe der marxistischen Theorie, so hatte ich es gelernt, kann man die Situation ändern. Und jetzt, voilà, war die Krise, war die Möglichkeit da, die Situation zu ändern. Alles würde sich ändern können! Die Hutus griffen die Tutsis an, lehnten sich also gegen die Superstruktur auf. Wie die Superstruktur organisiert war? Hier ein Beispiel: 20 000 Mitglieder hatte die Armee, drei Prozent davon waren Hutus. Drei, drei, nur drei, keine vier Prozent, nein drei Prozent nur!!!"

Emmanuel, dessen Stimme immer insistierender, verzweifelter wird, der immer häufiger seine Worte wiederholt und mit jeder Wiederholung lauter wird, während er sich an die drei Tage erinnert, in denen er sich isolierte, schreit jetzt fast. Draußen tobte der Mob. Und drinnen, in seinem Zimmer, drehte er immer dieselben Schleifen im Kopf, um herauszufinden, was er denn nur tun sollte. Denn Marx hin, Marx her, eigentlich war er doch Bibelkatechet! Wie brachte er das zusammen, will ich wissen. Und merke, Emmanuel ist auf die Frage vorbereitet:

„Sogar in der Katechese ist das Böse erlaubt. Gott erlaubt das Böse, leider erlaubt er das Böse. Es gibt manchmal Lösungen, bei denen man gezwungen ist, Böses zu tun. Auch wenn die Theologie sagt, dass man mit Bösem immer nur das Böse anzieht, dass man mit dem Bösen nie Gutes erreicht, war es für mich die letzte Lösung. Die Menschen an der Basis sind nicht gebildet, sie brauchen eine glaubwürdige, langfristig glaubwürdige Stimme. Was tun? Was tun, was tun, was tun? WAS TUN? Ich war Katechet, ausgebildeter Katechet, es war ein Trauerspiel, eine Tragödie, hatte ich doch eine höhere Bildung. Und dennoch musste ich eine Lösung finden. Hin und her gingen meine Gedanken. Nur wenn man die Basis ändert, wird es langfristig eine Änderung in der Superstruktur geben. Das Evangelium nimmt einen ein, ja. Man ist gefangen genommen vom Evangelium – aber die Gesellschaft ist anders. Ich bin zuerst Bürger, dann erst Katechet." Die inneren Waagschalen, auf die er seine Argumente legte – rausgehen und sich am Gemetzel beteiligen, drinbleiben und riskieren, dass die Unterdrückung der Hutus, seiner Ethnie, weitergeht –, neigen sich schließlich zu einer Seite. Emmanuels Stimme beruhigt sich, endlich, die Entscheidung ist da (und auch als Zuhörende ertappe ich mich dabei, erleichtert aufatmen zu wollen, dass die quälende Unentschiedenheit ein Ende hat): „Jetzt bin ich sicher: Man muss Marx auf diese Situation anwenden, man muss jetzt wissenschaftlich vorgehen, der Marxismus ist schließlich eine Wissenschaft, so hatte ich es gelernt. Jetzt muss diese radikale Analyse angewandt werden, damit die Gesellschaft sich ändern kann. Es muss eine radikale Gesellschaftsänderung her. Jetzt. Die Entscheidung ist gefallen. Ich gehe hinaus. Die Situation ist da, die Tutsis werden getötet. Drei Menschen verschwinden wegen mir. Danach gehe ich…" „Moment, Moment, nicht so schnell!", bitte ich Emmanuel. Was sollte das heißen, drei Menschen verschwänden wegen ihm? So eloquent Emmanuel uns bis hierhin geführt hat, überspringt er nun ein ums andere Mal die Tat selbst. Sanft, aber bestimmt führe ich ihn wieder und wieder zurück. Wie soll ich über etwas schreiben, was er selbst nicht beschreibt? Schließlich bitte ich ihn, sich vorzustellen, dass ich einen Film über seine Geschichte drehe. Dafür brauche ich Bilder, wie sonst sollte ich in der Lage sein, die Szene zu drehen? Und jetzt geht es. Emmanuel verlässt in Gedanken noch mal sein Haus. Dieses Mal fällt ihm ein, dass er beim Verlassen des Hauses seine Machete mitnimmt. „Draußen treffe ich auf die anderen, die unterwegs sind, Tutsis zu töten. Mit ihnen stoße ich auf eine Familie, die zum Kader in Bujumbara gehört. Aus der Hauptstadt. Wie sollten sie aus einem anderen Grund hier sein, als uns zu töten, uns zu massakrieren? Sie haben das Gewehr in der Hand, natürlich wollen sie uns töten, bin ich mir sicher. Und schon war ich im Genozid. Da war nichts mehr zu machen.

Warum sind sie hier? Sie haben Gewehre. Ich muss schneller sein, man muss viele an der Basis töten, sonst ändert sich ja gar nichts an der Superstruktur, an der Gesellschaft und der Unterdrückung der Hutus. Also drei Personen werden verschwinden wegen mir. Drei Menschen werden durch meine eigene Hand verschwinden." Noch immer gelingt es ihm nicht, das Wort „töten" in diesem Zusammenhang auszusprechen.

„Es gibt niemanden in Burundi, der keine Wunde trägt", sagt Bischof Simon. Aus den Ereignissen von 1993 hat auf jeden Fall jeder, der nach Kigali gereist ist, um von Völkermord und Versöhnung zu erzählen, seine eigenen Wunden davongetragen. Josianne, damals zehn Jahre alt, hat der Völkermord 1993 zum Waisenkind gemacht. Wem Adèles Geschichte zu nahe ging, für den ist es vielleicht auch richtig, Josiannes Geschichte an dieser Stelle zu überspringen und ihr erst später wieder zuzuhören, wenn sie von ihrem Versöhnungsweg erzählt. Dabei geht es um den Umgang ihrer Familie mit ihrer Vergewaltigung durch einen Nachbarn. Josianne erzählt ihre Geschichte so: „Ich bin eine Waise, geboren am 3.9.1983, meine Eltern wurden umgebracht, als ich zehn Jahre alt war. Wir sind eine Tutsi-Familie. Mama war Krankenschwester, mein Vater war Richter. Als der Krieg anfing, holten sie zuerst meinen Vater, wenig später auch meine Mutter.

Ich habe gesehen, wie sie meinen Vater holten, wir flüchteten schnell zu unserer Oma mütterlicherseits. Zwei Tage später hat meine Mutter erfahren, dass mein Vater tot ist und wie er gestorben ist: Sie haben meinen Vater zu einem See gebracht und ihm den Hals durchgeschnitten. Damit wir nicht fliehen konnten, legten sie rund um das Dorf Feuer, überall war Feuer und Rauch. Uns blieb also nur übrig, zu bleiben und auf den Tod zu warten, darauf, dass man uns auch abholen würde. Zwei Tage später holten sie dann auch meine Mutter. Sie sagten ihr, sie solle ihre Kinder zurücklassen, die seien später dran. Sie haben sie vor unseren Augen mitgenommen, erst gefoltert und dann in eine Biogasanlage, wie sie seit 1984 in Burundi gebaut wurden, geworfen. Sie muss qualvoll erstickt sein." Josianne erzählt das alles völlig ruhig, ich bin diejenige, der die Luft wegbleibt. „Ist es nicht zu schwer, darüber zu sprechen?", will ich wissen. „Nein", antwortet Josianne glaubhaft und fährt fort: „Wir versuchten mitzulaufen, mit unserer Mama zu gehen, aber sie hielten uns zurück und brachten uns schließlich zu einem Vertriebenenlager. Der Weg dahin war Krieg: über uns Helikopter, auf den Straßen überall Holz, Stämme, Bäume, damit wir nicht schnell vorwärtskommen konnten, Rebellen mit Macheten, Soldaten, die schossen. Zwei Wochen haben wir dann gebraucht, bis wir vom Lager den Weg zu unserem großen Bruder bewältigt hatten. Der dachte, wir seien alle tot. Als er hörte, dass wir noch lebten, kam er und holte uns aus dem Lager. Er musste uns holen – so verlangte es der Brauch –, weil er noch keine Familie hatte, noch alleinstehend war. Kurzzeitig hat mein Bruder dann alle Cousins, Cousinen, Tanten usw. aus der Familie aufgenommen, die nicht ermordet worden waren. Mit 30 Menschen hausten wir übergangsweise in seinem kleinen Zimmerchen, das er mit zusätzlichen Matratzen auslegte, die seine Nachbarn ihm liehen."

Zum Werk von Bischof Simon gehört heute auch ein junger Mann aus Ruanda, Jules. Er ist der einzige Ruandese im Werk und bereitet sich darauf vor, Priester zu werden. Auf seinem Hügel im Nachbarland erlebt Jules, zur selben Zeit und im gleichen Alter wie Josianne, sehr Ähnliches:

„Ich bin auf dem Land geboren, im Süden von Ruanda, inmitten von Brüdern und Schwestern. Ich bin der Zweitälteste, wir waren umgeben von der Familie. Mein Vater ist Hutu und meine Mutter ist Tutsi, meine Großmutter war auch Tutsi und mein Großvater Hutu. Mein Großvater war eine Art Distriktbürgermeister und als solcher auch zuständig für die Tutsis, die zu uns in die Gegend geflohen waren. Die Tutsis aus dem Norden sind in den Süden vertrieben worden. Damals war das Regime in Ruanda ein Hutu-Regime, es stellte präferiert Hutus ein, im Süden waren die Tutsis deswegen geschützter.

Unsere Familie war groß, und damals lebten wir alle zusammen, umgeben von Tutsis. Wir teilten oder tauschten mit ihnen die Kühe, wir Kinder spielten zusammen, wir lebten zusammen, wir waren sehr glücklich. Ich liebte das Leben damals. Ich war glücklich mit diesem Leben auf dem Land, aber so sollte es nicht bleiben. Ich besuchte die Grundschule dort zusammen mit Tutsi-Kindern, 1994 war ich in der dritten Klasse. Mein Vater war eigentlich Grundschullehrer, wurde dann jedoch Bauer, weil er viele Kühe hatte und der Verkauf sehr gut bezahlt wurde. Als Grundschullehrer hatte er viel weniger verdient.

Also 1994, als der Krieg ausbrach, war ich 10 Jahre alt. Zuvor hatte es Demonstrationen der verschiedenen Parteien gegeben. Mein Großvater gehörte zur Partei der Regierung, der MRND[19]. Zwei meiner Onkel waren beim Militär in hoher Position. Wir ahnten noch nicht, dass sich etwas derart Großes und Furchtbares anbahnte, aber wir sahen, dass sich die Lage verschlimmerte. 1994, am 6. April, wurde der Präsident getötet, das Flugzeug, in dem er saß, wurde abgeschossen. Schau, dort auf der anderen Seite der Stadt, der Berge." Jules zeigt auf die Berge am anderen Ende des Tales von Kigali, das sich unter der Terrasse vor

---

19 MRND steht für „Mouvement républicain national pour la démocratie et le développement", bis 1994 stellte die Partei MRND die Regierung in Ruanda.

uns ausbreitet. „Schau, da wo du mit dem Flugzeug angekommen bist, wo wir dich abgeholt haben, dort ganz in der Nähe ist es passiert. Dort fand als Reaktion auf den Flugzeugabsturz ein Massaker statt am 6. April. Wir alle hörten in dieser Nacht den Lärm und hatten furchtbare Angst. Weil wir so eng mit Tutsis zusammenlebten, fürchteten wir jetzt, dass uns das zum Vorwurf gemacht werden würde. Genauso kam es: Die Tutsis aus unserer Nachbarschaft suchten in dieser Nacht schon Zuflucht auf unserem Hof. Ich habe noch in Erinnerung, wie sie immer wiederholten: ‚Sie werden uns töten.' In den Jahren vorher schon, bis 1993, hatte man die Selektion der Tutsis in der Nachbarschaft durchgeführt. Schon damals hatten unsere Tutsi-Nachbarn sich zu meinem Großvater und meinem Vater geflüchtet, die sie beschützten. Aber 1994 war es schlimmer. Alle hatten Angst, vor allem wir Kinder. Zwei, drei Tage verbrachten wir so gemeinsam verbarrikadiert in unserem Haus. Wir haben zusammen gegessen, gelacht, wir haben Milch zusammen getrunken und geteilt. Tag für Tag wurde die Situation auf den Straßen aufgeheizter. Es gab die jungen Milizionäre der MRND und es gab die Jungen von den Hügeln, die dazukamen. Ich habe dir gesagt, dass mein Großvater der Präsident der MRND in unserer Region war. Deshalb kamen die Milizen zuerst zu uns und warfen uns vor, dass wir Tutsis beschützten. ‚Wir werden dich zusammen mit deiner ganzen Familie und allen Tutsis, die du beschützt, töten', drohten sie. Ich erinnere mich gut, dass mein Großvater versucht hatte, Polizisten zu unserem Schutz zu bekommen. Aber es hat nicht funktioniert. Zwei oder drei Polizisten kamen zwar in der Nacht, aber statt uns zu beschützen, haben sie auf uns geschossen und Granaten auf uns geworfen. Zum Glück explodierten die Granaten in der Nähe der Kühe. Zwar habe ich das Fleisch der Kühe in den Bäumen hängen sehen, aber nur wenige Menschen verloren in dieser Nacht ihr Leben. Aber weil die Tage voranschritten und mit ihnen der Krieg, kamen die Milizen nochmals zu uns und teilten uns auf. Die Hutus nach hier – die Tutsis nach da. Mein Onkel, der auch in der Partei des Präsidenten war, kam, um uns zu holen. So schnell wir konnten, kletterten wir in einen kleinen LKW und fuhren los. Sie haben zwar auf uns geschossen, weil sie nicht akzeptieren wollten, dass wir Tutsis beschützt hatten, aber dennoch konnten wir entkommen. Und es gelang uns sogar, ein paar Tutsis in unseren LKW zu schmuggeln. Aber an jeder Barrikade, und es gab viele Barrikaden, mussten wir unsere Ausweise zeigen. Wer keinen zeigte, der musste bezahlen oder wurde umgebracht. Weil es so viele Barrikaden gab, konnten wir nicht lange für die Tutsis bezahlen. Sie haben unsere Freunde, Kinder meines Alters, umgebracht. Ein Kind ist vor meinen Augen verstümmelt worden, sie haben ganze Familien ausgelöscht. Nur unserer Familie ist es gelungen zu entkommen.

Der Kampf zwischen dem F.P.R.[20], der ruandischen patriotischen Front, die sich im Exil in Uganda gegründet hatte, und der damaligen Hutu-Regierung ging weiter. Der F.P.R. wollte die aktuelle Regierung stürzen, was ihm letztlich auch gelang. Es war eine schreckliche, grausame Sache – auch wenn wir zunächst in Sicherheit waren. Später dann, als der F.P.R. an die Macht kam, wurde meine Familie erneut bedroht, angeklagt. Meinem Großvater haben sie vorgeworfen, die Waffen zur Tötung der Tutsis zur Verfügung gestellt zu haben. Man hat ihn sogar ins Gefängnis gebracht. Angeblich hätte unsere Familie erlaubt und geduldet, dass die Häuser der Tutsis geplündert worden waren. Im Gegenteil war es aber so, dass wir zu unserem Besitz selbst keinen

---

20 F.P.R. steht für „Front patriotique rwandais". Die Partei stellt seit 1994 die Regierung unter dem Präsidenten Paul Kagame.

Zutritt hatten und andere sich dort einquartierten, alles nahmen, was da war. Mein Vater kam auch ins Gefängnis. Nach zwei Jahren wurde er entlassen und floh aus dem Land, nach Kenia. Mein Großvater und meine beiden Onkel wurden durch den F.P.R. getötet, ein dritter floh nach Mozambique. Dem Rest der Familie wurde der Zugang zu unserem Stück Land verboten, sodass wir nicht wussten, wovon wir leben sollten. Was sollten wir essen, wie die Schule bezahlen? Um leben zu können, sind wir dann zu einer Cousine meiner Mutter in eine andere Gegend gezogen, hier konnte ich ab 1996 wieder zur Schule gehen."

Während Jules Familie leiden musste, mit ihrem Leben, dem Verlust von Freiheit und ihres Landes bezahlen sollte, weil sie zur lange Zeit begünstigten, nun aber verfolgten Hutu-Ethnie in Ruanda gehörte, war es in Burundi genau umgekehrt. Jules heutiger Prior François, der erste Priester des Versöhnungswerkes, gehört über seine Tutsi-Mutter zu den lange Zeit in Burundi begünstigten Tutsis. Sein Leben als Schüler war dadurch leichter, er durfte zur weiterführenden Schule und hätte wahrscheinlich auch studieren können. Sein Leben als Sohn aber war schwerer: Seit 1972 hatte François seinen Hutu-Vater nicht mehr gesehen. Aus Angst, ermordet zu werden, floh dieser damals nach Tansania. Und gerade als es schien, als könne er seinen Vater im Nachbarland wiederfinden, brach in Burundi der Krieg aus und machte alle Hoffnungen zunichte. „Mit der Ethnie meiner mütterlichen Familie konnte ich mich identifizieren, die Tutsis waren gut zu mir. Die Regierung zog die Tutsis in die Armee ein und versorgte sie darüber mit Macht und Privilegien; den Hutus, die es überhaupt in eine weiterführende Schule gebracht hatten, war der Weg versperrt. Das war natürlich eine Methode, uns zu trennen. Ich wäre gerne Arzt oder Ingenieur geworden.

Da ich immer gute Noten hatte, hätte ich sicher auch studieren können. Aber mein Vater war geflohen und ich wollte meine kleinen Brüder nicht im Stich lassen. Drei Jahre habe ich mich um sie gekümmert, bis ich es geschafft hatte, dass sie beide auf eine weiterführende Schule gehen durften. Es hat mir Freude gemacht, für meine Brüder da zu sein – und in dieser Zeit, wegen dieser Erfahrungen, reifte in mir der Wunsch heran, Priester zu werden. Ich merkte auch, welche Chance, welch ein Privileg ein solches Studium für mich war. Meine Hutu-Freunde vom Dorf zum Beispiel konnten nicht studieren. Deswegen wollte ich ins Seminar und Gott danken, für alles, was er mir ermöglicht hatte. Monseigneur Simon, den ich schon 1980 als Schüler kennengelernt hatte, als er unsere Schule besuchte, traf ich in der Zeit am Seminar wieder. 1992 beendete ich das Philosophiestudium, das man abschließen musste, um Theologie studieren zu dürfen.

Zu dieser Zeit erhielt eine meiner Tanten einen Brief aus Tansania. Er war schlecht und in einer anderen Sprache geschrieben. Obwohl sie ihn nicht lesen konnte, zerriss sie den Brief nicht, sondern schickte ihn an meinen kleinen Bruder, der ihn wiederum zu mir schickte. Der Brief war für mich absolut unleserlich. Er war auf Englisch geschrieben. Dennoch schrieb ich einen Antwortbrief in meiner Sprache, in dem ich erzählte, wer ich war, und fragte, ob mein Vater noch lebte. Diesen Brief schickte ich an die Absenderadresse. Ein Jahr später erhielt ich eine Antwort. Von meinem Vater! Der Postweg dauerte damals 6 Monate. Nach 20 Jahren endlich ein Brief! Aufgeregt zeigte ich den Brief sowohl Monseigneur als auch meiner Maman und meinem Onkel mütterlicherseits. Sie alle waren sich sicher: ‚Ja, der Brief ist von deinem Vater, das ist seine Handschrift.‘ Monseigneur riet mir, das Studienjahr zu Ende zu machen, dann würde er mich zu meinem Vater schicken, um ihn zurück in seine Heimat zu holen. Und so geschah es. Als das Studienjahr zu Ende war, brach ich im Juli 1993 mit einem Auto, das Monseigneur mir geliehen hatte, nach Tansania auf, meinen Vater zu suchen. Und zu finden.

Aber das Wiedersehen verlief anders als ich es mir erhofft hatte: Er erkannte mich zunächst nicht. Ich war groß geworden, er klein. Er lebte bei seiner Schwester, die im Nachbarort verheiratet war. Meine Tante versteckte sich bei meinem ersten Besuch vor mir, aus Angst, ich würde ihr etwas antun. Mein Vater hingegen war mutig: Auf Kihaya, der Sprache der Haya im Süden und Südwesten von Tansania, hieß er mich willkommen. Sein Kirundi, die Sprache der Burunder, war ihm abhandengekommen. Er hatte sein Land vergessen, auch seine Muttersprache. Mein Vater dachte, dass meine Mutter neu geheiratet hätte, aber so war es nicht. ‚Komm mit mir nach Hause‘, bat ich ihn, aber er wollte lieber noch ein paar Monate warten, er traute dem Frieden nicht. So haben wir zwar unser Wiedersehen gefeiert, aber ich fuhr alleine zurück. Die Reise war ein Erfolg und eine Niederlage gleichzeitig. ‚Komm mich im Oktober holen‘, bat er mich. Doch ich konnte erst in den Weihnachtsferien wiederkommen. Ich wollte nach vier Jahren endlich mit dem Theologiestudium anfangen. Es sollte also im Dezember sein, dass ich meinen Vater endlich wieder zu uns, seiner Familie, holen würde.

Aber während ich das Studium begann, gab es am 21. Oktober 1993 einen Putsch und der Präsident wurde ermordet. Alle Hoffnung starb an diesem Tag: Wie sollte ich meinen Vater holen? Jetzt herrschte Krieg, die Straßen waren gesperrt.

Es war grausam. War 1972 der väterliche Teil meiner Familie, die Hutus in meiner Familie, verfolgt worden, wurde jetzt meine Familie mütterlicherseits, die mich großgezogen hatte, die Tutsis der Familie, dezimiert. Mein Onkel wurde grausam ermordet, auch väterlicherseits gab es wieder viele Tote."

„Je ne sais pas, quel pied danser", sagt François, was wörtlich heißt „Ich wusste nicht, auf welchem Fuß ich tanzen sollte", also so viel wie: „Ich wusste nicht, was ich tun sollte". „Was meinst du damit?", will ich wissen. „Ich hatte keine Ahnung, wie ich mich in dieser Finsternis verhalten sollte. Aber dann habe ich mich entschlossen, niemanden zu töten." „Warst du denn in Versuchung?", frage ich verwundert. François ist so ein sanfter, freundlicher Mensch! „Ja, ich war in Versuchung, weil die anderen in Versuchung waren. Es war wie Emmanuel gesagt hat, man musste sich wehren. Viele Seminaristen haben die Waffen genommen, sie haben sich gerächt. Ich war versucht, aber ich hatte nicht diesen Drang nach Rache, nie, nie. Außerdem war ich zu Hause in einem Hutu-Milieu, das die Tutsis hasste. Also eilte ich zum Haus meiner Mutter, um sie zu beschützen. Sie und zehn weitere Tutsis konnte ich vor den Angreifern retten. Ich zeigte ihnen einen geheimen Fluchtweg, der sie sicher aus der Gefahrenzone brachte. Sie kamen dennoch in unser Haus und beschuldigten mich, den Sohn eines Hutus, Tutsis zu verstecken. Das tat ich auch, schließlich war meine Mutter noch im Haus. Deshalb wollten sie mich töten, hielten eine Versammlung ab, die über meinen Tod entscheiden sollte. Sie dachten, wenn man die Tutsis tötet, dann rottet man das Böse aus. Auf der Versammlung sagte ich deshalb, dass Tutsis nicht böse seien. Sie seien arme Menschen, die nichts dafür konnten. Warum auch immer, sie ließen sich überzeugen und meine Mutter und mich leben."

Einige aus der Gruppe sind bisher noch gar nicht zu Wort gekommen, zu ihnen gehört Madame Béatrice, wie sie respektvoll im Werk genannt wird. Madame Béatrice ist die Älteste in der Runde, eine hochgewachsene ältere Dame. Sie trägt gerne passende afrikanische Ensembles, farblich aufeinander abgestimmte Tücher und lange Röcke mit Motiven wie Zebras oder Giraffen. Madame Béatrice ist eine Tutsi und gehört zu den ersten Mitgliedern im Werk, viele andere hat sie angesprochen und ihnen das Werk vorgestellt. Béatrice hat mehr Interesse daran, ihre ganz persönliche Versöhnungsgeschichte zu erzählen. Zum Bürgerkrieg 1993 sagt sie wenig: „Auch ich lebte mit drei Kindern und zwölf weiteren, die ich aufgenommen hatte. Da meine ganze Familie ausgelöscht worden war, nahm ich Nichten und Neffen und Kinder aus anderen Familien auf. Es war unglaublich schwer, mit meinem kleinen Lohn fünfzehn Kinder zu ernähren und einzukleiden und ihnen den Schulbesuch zu ermöglichen. Vier Jahre lang kämpfte ich, dann ging es nicht mehr. In dieser Zeit lernte ich Monseigneur kennen, er kam nach Gitega. Von da an hatte ich Unterstützung."

Während all dies im Land passierte, saß Bischof Simon in Brüssel fest und wartete auf sein Flugzeug, das ihn in die brennende Heimat bringen sollte. Sobald er am 31. Oktober endlich in Burundi landete, schloss er sich sofort mit drei befreundeten Bischöfen zusammen. Zu viert versuchten sie, die Gewalt einzudämmen. Bei allen Vorwürfen, die man der Kirche in Burundi machen könnte – wäre sie damals (und auch heute, in den Unruhen seit 2015) nicht gewesen, alles wäre noch viel, viel schlimmer gekommen. Auf drei Wegen versuchten die vier Bischöfe, das Land zu beruhigen: Erstens setzten sie seit den ersten Novembertagen alles daran, die verantwortlichen Politiker zu vereinen. Zweitens kümmerten sie sich mit allen zur Verfügung stehenden Mitteln um die Verletzten, die Obdachlosen, die Vertriebenen. Und drittens verwiesen sie mit Nachdruck wieder und wieder auf den

Respekt vor dem Leben und vor jedem Einzelnen. Über diese Zeit sagt Bischof Simon: „Wir fühlten uns wie die Rufer in der Wüste. Das Blut, das aus politischen Gründen vergossen wurde, blieb wie eine Art Schrei, ein Schrei nach Rache, vielleicht so, wie sich Kain nach dem Mord an seinem Bruder Abel gefühlt hat. Hinter der Bluttat stand ja Eifersucht, die eigenen Interessen, das Gewissen, das das begangene Böse anklagte."

Kain und Abel. Der erste Brudermord. Mir ist, gerade weil die Bibel und ihre Geschichten eine so wichtige Rolle im Leben der großen Mehrheit der Menschen in Burundi spielen, sehr deutlich geworden, warum im Versöhnungsprozess die Geschichte von Kain und Abel auftaucht. Diese Urgeschichte darüber, dass ein Bruder seinen Bruder nicht mehr als Bruder erkennen kann. Täte er das, den Bruder als Bruder, als seinesgleichen, als gleichwertig erkennen – unmöglich, davon bin ich überzeugt, könnte er ihn töten. Töten kann man nur, wenn man sich vom anderen trennt, ihn abwertet, mit welchen Mitteln auch immer: in der Rassenlehre zu höheren und niederen Rassen. Im Völkermord den anderen Volksstamm als Kakerlaken beschimpft. Minderwertige Menschen kann man umbringen, Kakerlaken zertreten – aber den Bruder, die Schwester, die man wirklich als Bruder und Schwester, als ganz und gar gleich und ebenbürtig fühlt, dem man das *gleiche* Recht auf Gefühle, Verletzung, Fehler, Irrtümer und Verirrungen zuspricht, wie man es sich selbst zugesteht, umbringen? Wie soll das gehen?

Das Schönste und Beste, die schönste Vision, die ich kenne, die je zum Thema Kain und Abel geschrieben worden ist, enthält nichts weniger als eine These, wie der Brudermord ein für alle Mal überwunden werden kann. Hilde Domin hat die Vision gedichtet. Sie schlägt uns einen radikalen Perspektivwechsel vor und sagt, alles fange damit an, dass Abel aufstehe und Kain so die Möglichkeit gebe zu sagen: Doch, ich bin dein Hüter. Bruder.

Abel steh auf

Abel steh auf
Es muß neu gespielt werden
Täglich muß es neu gespielt werden
täglich muß die Antwort noch vor uns sein
die Antwort muß ja sein können
Wenn du nicht aufstehst Abel
wie soll die Antwort
diese einzig wichtige Antwort
sich je verändern
wir können alle Kirchen schließen
und alle Gesetzbücher abschaffen
in allen Sprachen der Erde
wenn du nur aufstehst
und es rückgängig machst
die erste falsche Antwort
auf die einzige Frage
auf die es ankommt
steh auf
damit Kain sagt
damit er es sagen kann
Ich bin dein Hüter
Bruder
wie sollte ich nicht dein Hüter sein.
Täglich steh auf
damit wir es vor uns haben

dies Ja ich bin hier
ich
dein Bruder
Damit die Kinder Abels
sich nicht mehr fürchten
weil Kain nicht Kain wird
Ich schreibe dies
ich ein Kind Abels
und fürchte mich täglich
vor der Antwort
die Luft in meiner Lunge wird weniger
wie ich auf die Antwort warte
Abel steh auf
damit es anders anfängt.
zwischen uns allen.
Die Feuer die brennen
das Feuer das brennt auf der Erde
soll das Feuer von Abel sein
und am Schwanz der Raketen
sollen die Feuer von Abel sein.[21]

HILDE DOMIN

„Langsam, ganz langsam schafften wir es, dass die Menschen anfingen, wieder miteinander zu reden. Auch wenn sie das zu Beginn nicht wollten. In dunklen Nächten reisten wir als Unterhändler zwischen den Parteien hin und her. Die Menschen lahmten, weil unter ihren Füßen das Blut ihrer Brüder klebte."

---

21 „Abel steh auf" aus: Hilde Domin, Gesammelte Gedichte, S. Fischer Verlag, Frankfurt am Main, 1987, S. 364, 365.

Besser wurde es trotz all dieser Bemühungen nicht. Im Gegenteil, analysiert Bischof Simon: „Unterdessen war die Stunde der Milizen gekommen. Zuerst die der Hutu-Milizen, dann die aus anderen Milieus. Im November, Dezember waren sie noch nicht sehr gut organisiert. Zuerst hielt man sie, fälschlicherweise, für ein Jugendphänomen. Aber schon damals gab es das Kalkül, aus den Milizen bewaffnete Banden zu machen, die später grässlichen Horror verbreiten sollten."

Es entstanden mordende Milizen, die auch die Familie von Bischof Simon nicht verschonen sollten.

Einstweilen versuchte die burundische Kirche auf ihre Weise, den Menschen die Augen zu öffnen. Am ersten Advent 1993 gab es im ganzen Land keine Messfeiern. „Wozu sollte es gut sein, in das Haus Gottes einzutreten, wenn dieses doch versöhnte Schwestern und Brüder versammeln soll, die Menschen aber rot sind vom Blut, das sie vergossen haben? Wir sagten den Menschen: ‚Wenn ihr jemanden getötet habt, dann habt ihr Christus selbst getötet. Wenn ihr das Blut eurer Nachbarn vergossen habt, dann war es mehr als das Blut eurer Nachbarn, es war auch das Blut Christi.' Wir haben den Menschen auch gesagt: ‚Wer getötet hat und wieder zur Messe kommen möchte, muss zunächst öffentlich um Verzeihung bitten.' Viele Menschen hat das wie ein Blitz mitten ins Herz getroffen. Sie haben bereut, sind zur persönlichen Beichte gekommen, es gab Szenen öffentlicher Reue, viele Menschen bedauerten ihre kriminellen Handlungen."

Aber all diese Versuche konnten das generelle Klima nicht verändern. In der Hauptstadt zum Beispiel brannten die Viertel, weil sie, wahlweise von Tutsis oder Hutus, ethnisch gesäubert werden sollten. „Ich habe so viele Tote in dieser Zeit gesehen, in allen Vierteln, ob Hutu oder Tutsi, was für ein Horror! Das menschliche Herz war nackt geworden, das Tierische und

Bestialische hatte alle Ecken und Enden des öffentlichen Lebens erreicht."

Mit viel Mühe versuchten die Unterhändler, einen neuen Präsidenten zu installieren, auf den sich alle politischen Parteien einigen konnten. Und es gelang. Doch dieser neue Präsident, Cyprien Ntaryamira, blieb nur acht Wochen im Amt. Dann kam der 6. April 1994. Er saß zusammen mit dem Präsidenten von Ruanda, Juvénal Habyarimana, im Flugzeug, als es abgeschossen wurde und damit auch in Ruanda die Gewaltexzesse begannen. Der Bischof war zu diesem Zeitpunkt in Rom. „Als Delegierter einer Synode der afrikanischen Kirche war ich im April 1994 nach Rom gereist. Als ich vom Tod des Präsidenten Ntaryamira hörte, musste ich traurig an den Mythos des Sisyphos denken, der dazu verdammt war, wieder und wieder den Stein den Berg hinaufzurollen, nur damit er dann wieder in die Tiefe stürzte."

1994 war ein furchtbares Jahr, sowohl für Burundi als auch für die Familie des Bischofs. Die extremistischen Gegner des Friedensprozesses, die eine gemischt-ethnische Regierung um jeden Preis verhindern wollten, wollten den um Integration aller Ethnien bemühten Bischof Simon mit allen Mitteln mundtot machen. Und wenn sie dafür seine Familie leiden lassen mussten, dann taten sie auch das. Es geschah am 4. November 1994.

„Ich war noch in Rom, als man mir die Nachricht überbrachte, dass mein kleiner Bruder Laurent tot war. Ermordet, zusammen mit seinen drei Kindern und seiner schwangeren Frau. Auch die drei anderen Gäste der Familie, die im Haus übernachtet hatten, waren tot. Sie haben erst alle massakriert und dann das Haus angezündet. Vorher hatten sie versucht, meine Schwester zu finden. Weil ihnen das nicht gelang, wählten sie die Familie meines Bruders. Aber gemeint haben sie mich. Verletzen wollten sie mich. Ich war unaussprechlich traurig."

In Burundi vor Ort war Schwester Godelive, die damals noch keine Schwester war. Aber alles, was in den nächsten Monaten passierte, hat entscheidend dazu beigetragen, dass sie später Ordensschwester wurde – und sich das große Lebensziel von Bischof Simon zu eigen machte: Versöhnung, damit der Hass und die Morde endlich aufhören, damit alle ein Leben haben, das sich zu leben lohnt. „Irgendwann wollte ich nicht mehr nur meine eigene Geschichte verstehen, irgendwann wollte ich überhaupt verstehen: Warum hört das Morden nicht auf, warum geht es immer weiter? Denn es ging immer weiter. 1994 haben sie die Familie von Laurent, dem jüngsten Bruder von Monseigneur, zusammen mit zwei Kindern von Tutsi-Nachbarn umgebracht, die zufällig auch im Haus waren. Monseigneur war in Rom. Seine Schwester, Epiphanie, kam zu uns. Man dachte zuerst, sie hätten ihren Mann umgebracht, deswegen fuhr sie zuerst bei sich zu Hause vorbei. Ihr Mann war als Energieminister sehr gefährdet. Aber er lebte, sie hatten ihn nicht getötet. Noch nicht! Also fuhr sie sofort zu mir. Wenn sie ihren Mann am Leben gelassen hatten – was war dann mit ihrem Bruder?"

Schwester Godelive gehört unter den Menschen, die ich in Ruanda interviewe, zu denen, die sich der Erinnerung mit Haut und Haaren verschreiben. Sie erzählt immer live und in Farbe, lässt sich von den Erinnerungen fluten, erlebt alles wieder und kommentiert doch zugleich das Geschehen. Dabei schreit und weint sie, als erlebe sie das alles zum ersten Mal. Wobei – in der Situation selbst konnte sie weder schreien noch weinen. Sie musste funktionieren und handeln, und das auch noch schnell:

„Wir rannten rüber zu Laurents Haus. Schon an der Türe fanden wir den Leichnam des Bruders, und den seiner zweitältesten

Tochter auch. Sie musste Laurent gefolgt sein, als er die Türe öffnete. Laurent wohnte ganz nah an einem ‚Centre des déplacés‘ einem jener Binnen-Vertriebenenlager, in die man Tutsis zu ihrem eigenen Schutz brachte. Diese Lager wurden vom Militär überwacht. Doch die Polizisten, die das Lager hätten bewachen sollen, gingen mit einigen Tutsi-Jugendlichen rüber zu Laurents Haus und begannen zu schießen. Laurent musste etwas gehört haben, er ging zur Tür und seine Tochter begleitete ihn …“ Godelive weint und weint, ihre Stimme jault gequält auf wie eine hohe kratzige, versiegende Geige. Es dauert, bis sie leise mit brüchiger Stimme weitersprechen kann: „Wir brauchten nur drei Särge für die ganze Familie. Sie hatten seine Frau, seine schwangere Frau, in Stücke gehauen. Es war so grausam, so grausam. Doch ich durfte nicht weinen, ich musste mit der Situation fertigwerden, denn die Militärs kamen zurück. Sie herrschten uns an, wir sollen uns beeilen, sonst würden wir auch sterben. Der Friedhof war nicht weit entfernt. Wir brachten die drei Särge mit den sterblichen Überresten von zehn Menschen zum Friedhof, so schnell wir konnten. Monseigneur war damals in Rom. Aber nicht lange danach kam er zurück.“

Und alles ging einfach weiter, erzählt Godelive:

„Dann brachten sie auch den Schwager von Monseigneur, den Energieminister, am 11. März 1995 um. Seine Frau, die Schwester des Bischofs, war Militärattaché und mit dem jüngsten Kind im achten Monat schwanger. Nach der Ermordung ihres Mannes wollte sie weg aus Burundi. Ein Bischof in Italien hatte zugesagt, ihr zu helfen. Monseigneur handelte aus, dass seine Schwester Botschafterin werden würde, was sie dann auch geworden ist. Sie hat später als Botschafterin in Rom und Genf, in Kanada und Äthiopien gearbeitet. Aber erst einmal musste sie ihr Kind zur Welt bringen. Monseigneur bat mich, sie zu begleiten. Mit den drei geborenen Kindern flogen wir also nach Italien. Dort behielten sie Epiphanie sofort im Krankenhaus, das bestimmten die Ärzte einfach so, in Italien sei das so. Wir haben argumentiert, sie habe doch schon drei Kinder, die sie im fremden Land brauchten, und sie selbst sei doch eine erfahrene Schwangere in der vierten Schwangerschaft. Doch diese Argumente konnten die Ärzte nicht überzeugen. Epiphanie musste im Krankenhaus bleiben. Da war ich dann mit drei kleinen Kindern in Mailand. Musste einkaufen, kochen, ins Krankenhaus und die Kinder in einem zehn Quadratmeter großen Zimmer versorgen. Die vier Kinder sind heute junge Erwachsene. Keiner von ihnen will in Burundi leben, sie alle haben Angst, dass auch sie in ihrer Heimat sterben müssen."

Godelive kommt wieder auf Burundi zu sprechen, erzählt von den Tausenden Toten, dem Aufbegehren der Hutus und davon, wie das Militär sich rächte. Ganze Hügel hätten sie vernichtet. Und danach sei es für einen Hutu schon gefährlich gewesen, auch nur in die Nähe eines Vertriebenenlagers mit Tutsis zu kommen. Wenn ich wissen wolle, wie schlimm es gewesen sei, solle ich mit den „Neusser Augustinerinnen" sprechen.

Was du auf dem Feld deines Lebens anbaust, ist wichtiger als die Größe des Feldes.

AFRIKANISCHES SPRICHWORT

Das habe ich gemacht. Schon alleine, weil die Neusser Augustinerinnen andauernd in den verschiedenen Geschichten all dieser Menschen, die ich hier treffe, vorkommen. Bischof Simon erzählt, dass er seinen komplizierten Beinbruch Ende der 70er-Jahre in

Burundi nicht auskurieren konnte, hinkte und starke Schmerzen hatte. Die Neusser Augustinerinnen nahmen ihn auf, sorgten mehrfach für Operationen und Pflege. Die Menschen in Gitaramuka brauchten Geld für die Schule, für Saatgut, medizinische Versorgung, einen Transport im Auto – die Neusser Augustinerinnen sorgten dafür. Mit viel Wärme und noch mehr Respekt bedacht, tauchen die Schwestern in den Berichten meiner Interviewpartner auf. Umso mehr war ich gespannt, sie selbst zu treffen. Weit reisen musste ich im Januar 2017, ganz kurz vor meiner Abreise nach Burundi, nicht: Neuss liegt fast schon in meiner Nachbarschaft. Im Mutterhaus der Augustinerinnen empfingen mich die Generaloberin, Schwester Praxedis, und eine der Pionierinnen der Arbeit in Burundi, Schwester Beatrix, gastfreundlich und aufmerksam. Schwester Beatrix war zur Zeit meines Besuchs schon sehr krank, aber für das Gespräch hatte sie sich aus dem Bett gekämpft. Das letzte Mal überhaupt, wie ich nach meiner Rückkehr aus Burundi erfahren sollte. Schwester Beatrix zeigte mir Fotos aus Burundi und Schwester Praxedis überreichte mir eine wunderbar gestaltete Broschüre: „50 Jahre. Neuss hilft Burundi"[22]. Und auf quadratischen, schwarz kartonierten Seiten sehe ich dem Aufbruch der Schwestern im Jahr 1966 zu: Dynamisch gehen knapp zwei Hände voll junge Schwestern mit offenen Gesichtern auf ihre selbst gewählte Aufgabe zu. In der Mitte des Bildes: Schwester Beatrix. Sie erzählt, auf was für ein gewaltiges Abenteuer, auf wie viel Unbekanntes sie sich damals einließ, als sie ihr altes Leben aufgab, um in Afrika ein ganz neues zu wagen. Auch für ihren Orden begann damals ein neues Kapitel, denn die Augustinerinnen waren kein Missionsorden. Doch

22 siehe auch: www.neuss-hilft-burundi.de, zuletzt abgerufen am 20.11.2017.

der damalige Kölner Kardinal Joseph Frings, selbst ein Neusser, erlaubte das Engagement in Afrika. Das Abenteuer konnte beginnen.

Ebenso wie die anderen jungen Frauen, ließ Schwester Beatrix sich von der Hungersnot der Menschen anrühren. „Da wollte ich einfach helfen", erzählte sie. Und lernte vor ihrer Abreise so viel Neues: Geburtshilfe und Krankenpflege zum Beispiel. Vor Ort mussten die Schwestern alles können: Kinder auf die Welt bringen, sich um alte oder behinderte Menschen kümmern, kranke Menschen pflegen, Witwen und Waisenkinder auffangen, Unterernährung bekämpfen und Mütter beraten. Und vor allem, immer wieder neu: improvisieren.

Eines Tages sei Bischof Simon zu ihnen gekommen, als Pfarrer in Gitaramuka, und eine Freundschaft fürs Leben begann. Eine sehr tragfähige Freundschaft, auch als die Politik die Missionare des Landes verwies: Zwei junge Schwestern, die im Völkermord 1994 grausam verletzt, entstellt und zum Sterben zurückgelassen wurden, holten die Neusser mit einer großen konzertierten Aktion aus dem Grauen, pflegten und heilten die beiden burundischen Frauen. Und gaben ihnen in Neuss eine neue Heimat.

Kurz nach dem Tod von Laurent, erzählt Godelive, habe Bischof Simon sie auch gebeten, sich um Générose, eine weitere Schwester von ihm, zu kümmern. Schon 1972 war Générose als Frau eines gebildeten Hutus Witwe geworden und mit ihren Kindern nach Tansania geflüchtet. Aber auch dort gab es Militär, das sie bedrohte, verfolgte und ihre Ermordung ankündigte: „Monseigneur kaufte ein Feld für seine Schwester und ihre Kinder in der Nähe der Hauptstadt Bujumbura und bat mich, sie heimzuholen. Aber ich hatte Angst. Ich sah all die Gruppen von mordenden Menschen, die auf die Jagd nach Hutus gingen. Sie nahmen Reifen, hingen sie ihren Opfern um den Hals und verbrannten sie. Ich fragte ihn, ob ich wirklich gehorchen müsse, und Monseigneur sagte: ‚Meine Tochter, ich weiß, du bist mutig. Du schaffst das. Und auf dem Rückweg schaust du wieder bei mir vorbei.' Danach hatte ich keine Angst mehr. Ich fuhr nach Tansania, holte die Familie und fuhr wieder zurück, ohne noch einmal zu überlegen."

Kein Wunder, dass Bischof Simon Godelive für furchtlos hielt. Schließlich hatte sie gerade erst sein Leben gerettet, als er ermordet werden sollte. Von diesem Attentatsversuch hat Bischof Simon schon öfter erzählt. Ich weiß, dass er weiß, dass das immer wieder passieren kann, dass er in ständiger Lebensgefahr schwebt. Etwas wissen und etwas erfahren, sind meiner Lebenserfahrung nach jedoch zwei sehr unterschiedliche Dinge. Ich habe großen Respekt davor, wenn etwas, mit dem man zwar immer rechnen muss, wie einem Verkehrsunfall, einer ernsten Krankheit, dem Verlust des sicher geglaubten Arbeitsplatzes oder Ähnliches, wirklich passiert. Vorstellung und Realität haben dann oft nur wenig miteinander zu tun. Umso mehr frage ich mich, wie es sein muss, wenn jemand weiß, dass er in Lebensgefahr ist – und die Lebensgefahr dann plötzlich da ist.

Bischof Simon erzählt auch dieses Mal ruhig und ohne viele Emotionen vom 11. Februar 1995: „Du kennst Bujumbura, du weißt, dass es in einem engen Tal liegt. An diesem Tag fuhr ich die Straße hinunter nach Bujumbura. Ich saß in einem roten Renault R11. Ich kam vom Zentrum der Jesuiten, wir hatten gerade Exerzitien beendet, ich hatte meine Priester nach Hause gebracht und saß jetzt alleine im Auto. Als ich mich dem Bischofshaus näherte, sah ich einen Wagen unter einem Baum stehen, der mir folgte, als ich an ihm vorbeigefahren war. Hundert Meter weiter warteten zwei Motorräder unter einem Baum; kaum dass ich an ihnen vorbeigefahren war, folgten auch sie mir. Ich musste einmal um das ganze Bischofshaus herumfahren, um an das Eisentor zum Hof, zur Einfahrt zu gelangen. Alle, die im Bischofshaus arbeiteten, standen wie immer, wenn sie wussten, dass ich nach Hause komme, draußen, erwarteten mich, um mich willkommen zu heißen. Ich fuhr also auf den Hof und parkte das Auto, dann ging ich ins Haus."

Unter denen, die da warteten, wartete vor allem Godelive, und sie erlebte die Situation so: „Damals hatte Monseigneur zu mir gesagt: ,Sei mein erstes Kind'. Er wollte, dass ich mit ihm das Versöhnungswerk gründete. Und diese Aufgabe, mich um seine Schwestern und um die sterblichen Reste seines Bruders zu kümmern, war wie ein Buch, das sich vor mir öffnete. Wie eine Vorbereitung auf alles, was dann kam. Als man ihn töten wollte, hatte ich keine Angst."

Im Gegensatz zu Bischof Simon wusste Godelive sofort, was es mit dem Auto und den beiden Motorradfahrern auf sich hatte. Ohne zu zögern, stellte sie sich den Motorradfahrern in den Weg, und rettete so Bischof Simon das Leben. Woher aber wusste sie das so genau, wie konnte sie so gut vorbereitet sein?

„Nun", antwortet sie auf meine erstaunte Nachfrage, „wir hatten einen Militärseelsorger, der nicht nur Seelsorger war, sondern auch eine militärische Ausbildung hatte. Dieser Seelsorger hatte ein Motorrad und ein Auto in der Nähe des Bischofssitzes gesehen. Eine Nichte von mir hatte ihn davon erzählen hören. An ihrem ersten Arbeitstag auf dem Weg zu ihrer Arbeit war der Militärseelsorger vorbeigekommen und hatte ihr angeboten, sie mitzunehmen. Er saß selbst im Auto eines Oberstleutnants. Meine Nichte wunderte sich darüber, wohin der Oberstleutnant fuhr – und mit wem er sich in der Nähe ihrer Arbeit treffen wollte. Also beobachtete sie heimlich das Treffen des Oberstleutnants mit jungen Männern, hörte ihren Gesprächen verstohlen zu – und erzählte mir nachher davon. Sie sagte, sie planten, Monseigneur zu töten. Nun war ich vorgewarnt, erkundigte mich und forschte so diskret wie möglich bei allen möglichen Menschen nach. Auch bei dem Militärpfarrer, der mir bestätigte, dass der Oberstleutnant sich jeden Tag mit Jugendlichen traf. Also habe ich Arbeiter dafür bezahlt, dass sie an dem Treffpunkt vorbeigehen und zuhören, was gesprochen wird. Die Arbeiter haben so getan, als würden sie nur ihre Arbeit tun, aber in Wirklichkeit haben sie sich alles gemerkt, was gesprochen wurde – und mir hinterher berichtet: ‚Es wird Freitag stattfinden, wir werden ihn nicht ausweichen lassen. Es haben schon viele versucht, wir werden es schaffen. Wir werden diesen Mann schnappen.‘ Sie haben auch berichtet, dass die Jugendlichen sich nicht sicher waren. ‚Er geht nicht in die Bars, nicht in die Viertel, nicht in Restaurants, wir können ihn nicht schnappen.‘ Aber der Oberstleutnant versicherte ihnen: ‚Nein, nein, dieses Mal wird er uns nicht entgehen. Freitag werden wir uns hier um ein Uhr treffen.‘ Daraufhin ging ich zu einem Mitarbeiter der ‚Dokumentation‘ (so nannten sie den Geheimdienst), dem ich vertraute, um ihm zu berichten, was ich herausgefunden hatte. Der Mitarbeiter kam aus meiner Heimat und half mir tatsächlich. Er kannte den Oberstleutnant schon als jemanden, der keine guten Absichten hatte. Der Mitarbeiter war Generaldirektor und versicherte, dass er sich kümmere, sobald etwas passiere. Nun, ich habe ihm gedroht, wenn meinem Monseigneur etwas passiere, wenn er getötet werde, dann solle er sich vorsehen, ich würde es laut sagen, alles öffentlich machen. Da lenkte er ein und versprach, sich direkt der Sache anzunehmen.

Um ein Uhr am Freitag sah ich Monseigneur kommen und dahinter ein Motorrad, gefolgt vom Auto des Oberstleutnants. Als Monseigneur gerade mit seinem Auto in das Gelände abgebogen war, trat ich auf die andere Seite des Tores – und da kam auch schon direkt der Jugendliche, der Monseigneur auf seinem Motorrad verfolgte, angerast. Wie ein Militär stellte ich mich auf die Straße und rief: ‚Hör auf!' Er wollte an mir vorbeifahren, aber das konnte ich verhindern, ich konnte ihn wirklich beherrschen, ich konnte ihn stoppen. Er konnte nicht sprechen, er war wie paralysiert. Ich ging auf ihn zu und fragte: ‚Wen suchst du? Wenn du uns besuchen willst, dann fahr um die Ecke zum Haupteingang, damit wir dich richtig empfangen können.' Er antwortete nicht. Erst nach einer Minute murmelte er: ‚Ich werde hier nicht rumhängen.' ‚Also warum kommst du?', wollte ich wieder von ihm wissen. Er stammelte, er habe kein Benzin mehr in seinem Motorrad, er wolle sein Motorrad hierlassen. ‚Das ist gut', bot ich ihm an, ‚du fährst zurück, parkst dein Motorrad vor dem Büro, dann werde ich aufpassen, dass es niemand stiehlt'. Da er mit dem Motorrad also nicht weiterkam, wollte er schießen. Ich konnte den Revolver in seiner Tasche sehen. Ich ging weiter auf ihn zu und sagte: ‚Du musst umkehren!' Ich hatte eine Kraft, eine Stärke, von der ich nicht weiß, woher sie kam. Ich ging noch näher heran und wiederholte: ‚Du musst umkehren!' Der Junge war zu Tode erschrocken, erst recht, als er sah, dass Monseigneur aus dem Auto ausgestiegen und auf dem Weg ins Haus war. In dem Moment, als er begriff, dass Monseigneur nicht mehr getötet werden konnte, schüttelte er den Kopf und schaute entschuldigend hinüber zum Oberstleutnant. Dieser Oberstleutnant, der so oft ins Bischofshaus gekommen war, um sich auszutauschen, um zu reden, dieser Oberstleutnant hatte darauf gewartet, dass der Junge schießt, um dann im Auto mit ihm zu fliehen. Als ich sicher sein konnte, dass der Junge umkehrte und Monseigneur gerettet war, rannte ich ins Haus, um den Mitarbeiter vom Geheimdienst anzurufen: ‚Hören Sie, hören Sie! Um ein Haar hätte man Monseigneur ermordet‘, schrie ich in den Hörer. Ja, ja, ja, er sei im Bilde, er sei zwar spät gekommen, aber er sei dagewesen und habe alles gesehen. Als die Täter ihn gesehen haben, seien sie geflohen. Sofort rief ich Radio und Fernsehen an, um die Sache publik zu machen. Sogar der Minister kam, um sich die Spuren des versuchten Anschlags anzusehen. Wir gaben Interviews. Natürlich gab es Menschen, die behaupteten, wir würden lügen. Aber wir logen nicht. Die Polizei kam, stellte Untersuchungen an und wollte wissen, wie wir hinter den Plan gekommen waren. Und so kamen nach und nach alle Zusammenhänge ans Licht: Die Verantwortliche einer NGO der UN, der das Motorrad gehörte, gab zu Protokoll, dass ihrer NGO das Motorrad gehört habe. Der Chauffeur habe das Motorrad behalten, als er zwei Monate zuvor entlassen worden war. Der Anschlag war also von langer Hand geplant worden, und wir konnten nachvollziehen, wer es war. Monseigneur sagte, er verzeihe ihnen, obwohl sie ihn töten wollten. Ich konnte nicht verstehen, wie er zu solchen Worten fähig war. Es hat mich sehr bewegt, dass er gesagt hat: ‚Lasst sie, lasst diese Menschen, Gott hat mein Leben bewahrt, warum sollte ich ihnen böse sein?‘“

Für Bischof Simon stellt es sich so dar: „Die Geheimpolizei wollte mir helfen. Es gibt auch dort gute Menschen. Er war ein guter junger Mann aus dem Dorf von Godelive, er war interessiert an meiner Sicherheit und hat sofort mit den Nachforschungen begonnen und die Täter gefunden. Es waren Tutsis, Gegner des Dialoges und der Versöhnung zwischen beiden Ethnien. Es gab eine sehr, sehr große Aufregung in der Stadt. Und ich hatte große Angst davor, irgendwann so zu sterben, bei einem Attentat. Nicht, weil ich Angst hätte, zu sterben oder in diesem Kampf um Versöhnung und Leben mein Leben zu lassen. Ich habe mich schon lange entschieden, wenn mein Lebensziel mein Leben kosten sollte, dann soll das so sein. Nein, ich habe Angst davor, was dann passiert, Angst, dass es einen Aufstand gibt und dass dann viele, viele Menschen nur wegen mir sterben."

Das Attentat hatte noch zwei Nachspiele: Am Abend des 11. Februar wurde einer der beiden Motorradfahrer ermordet. Er hatte es nicht geschafft, seinen Auftrag auszuführen und bezahlte dafür mit seinem Leben. Das zweite Nachspiel ließ drei Jahre auf sich warten. Bischof Simon war schon zum Erzbischof in Gitega berufen, als die Täter ihn plötzlich aufsuchten. „Zuerst war ich erschrocken", erzählt er, macht eine Pause, fügt, wie er es so oft tut, sein bekräftigendes „Ja" hinzu. „Ja. Aber dann habe ich ihnen zugehört. Sie fühlten ja echte Reue, sie kamen in friedlicher Absicht." „Aber warum", will ich wissen, „haben sie es denn überhaupt gemacht?" „Man hatte ihnen Geld geboten. Für Geld haben sie es versucht."

Godelive bleibt seit diesem Tag wachsam. Und beobachtet immer wieder, dass die Täter, zumindest der Oberstleutnant, weitermachen, weiterversuchen, Bischof Simon zu töten:

„Nur einen Monat später töteten sie seinen Schwager, das habe ich ja schon erzählt. Es war ein Samstag, wir waren zu Hause, als der Telefonanruf kam, der uns von der Ermordung des Ministers berichtete. Ich lief los, um die Kinder von der Schule abzuholen, und dabei sah ich wieder ein Auto, das ganz nah vor dem Eingang des Bischofshauses wartete. Vielleicht standen sie da, um zu sehen, wie Monseigneur reagierte, um ihn zu erschießen, wenn er rauskäme. Plötzlich bemerkte der Oberstleutnant, dass ich ihn gesehen hatte, und fuhr weg. Die Kinder hatten, genau wie wir, die Schüsse in der Stadt gehört, doch ich konnte ihnen nichts erzählen und wollte vor ihnen nicht weinen. Zu Hause angekommen, sagte ihre Mutter ihnen, dass sie den Papa verloren hatten. Wir identifizierten den Leichnam, ich machte Fotos. Als wir ihn zur Beerdigung abholten, fehlte sein Ring aus Gold. Journalisten fragten mich, ob sie die Fotos haben könnten, doch ich entgegnete: ‚Wo wart ihr denn, als es passiert ist, als der Minister ermordet wurde?‘

Der Premierminister kam zur nun verwitweten Schwester von Bischof Simon, um ihr sein Beileid auszusprechen. Doch sie wollte nicht mit ihm sprechen: Wer könne ihr garantieren, dass er nicht zu den Tätern gehörte? Als am nächsten Tag ein Oberstleutnant aus der Umgebung des Premierministers umgebracht wurde, schlug Monseigneur vor, einen Friedhof der Versöhnung anzulegen, auf dem sein Schwager und dieser Oberstleutnant begraben sein würden. Seiner Schwester aber widerstrebte diese Idee: ‚Mein Bruder, ich bin die Jüngste und ihr seid alles für mich, aber ich will nicht und ich erlaube euch nicht, dass die Toten sich versöhnen, wenn die Lebenden es nicht können.‘ Also wurde der Schwager von Monseigneur auf dem Friedhof begraben, auf dem auch der Präsident und seine engen Mitarbeiter begraben worden waren und der ‚Märtyrer der Demokratie‘ hieß. Doch Monseigneur hielt am Versöhnungsfriedhof fest.‘‘

Zehn Jahre sind seit jenem Tag 1985 vergangen, an dem Bischof Simon Godelive gebeten hatte, mit ihm zusammen ein Versöhnungswerk zu gründen und die Oberste des Schwesternzweiges zu werden. Und jetzt, nach allem, was in diesen zehn Jahren passiert war, war Godelive bereit dazu. 1995 wurde, erst informell, der Antrag auf eine Ordensgründung an die römischen Behörden gestellt. Drei Jahre später wurde das Werk „Vie nouvelle pour la réconciliation" (Neues Leben für die Versöhnung) gegründet. Zu dritt waren sie, als Schwester Godelive ihre ersten Gelübde ablegte. „Die Anfrage von Bischof Simon 1985 berührte mich und ich dachte ernsthaft darüber nach. Aber ich hatte so viele Fragen. Wie sollte das denn gehen? Mit den Müttern arbeiten, Erziehung, Bildung usw.? Dann wiederum sah ich das Land, dass ein Versöhnungswerk der Mühe wert ist. Ich spürte, dass nah bei den Menschen zu sein, wie wir es in Gitaramuka praktiziert hatten, den Menschen guttat, ihnen Hoffnung gab, sie ihr Leben weiterleben ließ. Also legte ich 1995 meine ersten Gelübde ab. Am Anfang waren wir eine kleine Bewegung mit drei Frauen. Mit zwei anderen jungen Mädchen. Dennoch hatte ich Zweifel. Ich dachte: Schaut euch dieses Land an, schaut, was die Menschen tun, wie sollen wir da von Versöhnung sprechen? Wie soll das gehen? Daraufhin schickte Monseigneur mich in eine Glaubensschule in die Schweiz. Am Ende der drei Jahre dort mussten wir eine Arbeit schreiben. In dieser Arbeit schrieb ich zum ersten Mal von Versöhnung. Als Grundlage nahm ich den biblischen Text von Jacob und Esau, den zwei Söhnen von Isaak. In der Geschichte bringt Jakob seinen älteren Bruder Esau um sein Erbe. Am Anfang dachte ich noch voller Verachtung über die Mutter der Kinder, die ihren Kleinen dazu anstiftete. Aber dann lernte ich, dass in Israel nur der Erstgeborene erbte, dass er alles bekam, die anderen Kinder leer ausgingen. Also wollte Jakobs Mutter Gerechtigkeit. Gott ist für uns alle da. Und ich dachte, wenn Gott das zugelassen hat, dann wollte Gott, dass Jakob den Segen bekommt. Esau profitiert auch, weil Jakob flieht und Esau im Reichtum weiterlebt. Jakob wollte Esau um Verzeihung bitten, aber der wehrte ab: ‚Du behältst alles, was du mir geben wolltest, Gott hat mir genug gegeben.' Jakob schämte sich. ‚Nimm meine Gabe', bat er, aber Esau sagte: ‚Mein Bruder, komm mit mir', doch Jakob folgt nicht. Darüber musste ich lange nachdenken – bis mir mein Lehrer erklärte, dass man nicht zusammenleben muss, um verziehen zu haben. Dieser Text hat mich weinen lassen. Es ist wie in Burundi: Die Tutsis und die Hutus sind Brüder, beide wollen gut leben. Aber leider ist es wie bei Esau und Jakob, beide Ethnien wollen die Macht. Wir müssten aufhören zu denken, dass die anderen sie uns wieder wegnehmen wollen. Beide kämpfen um das Leben, beide müssten teilen."

Während Godelive, jetzt Schwester Godelive, in der Schweiz studierte, nahmen die Bedrohungen für Bischof Simon nicht ab. Und sprachen sich herum. Amnesty International wurde auf ihn aufmerksam[23], berichtete von den Morden an seinen – unpolitischen – Familienmitgliedern und vom Attentat auf ihn selbst. Amnesty International zitierte Bischof Simon 1995 mit den Worten: „Sie werden mich niemals abhalten. Ich muss leben und leben heißt kämpfen." Zu Weihnachten 1995 erreichten den Bischof zehntausende Briefe aus aller Welt. Sie kamen von überall her, aus Russland, Frankreich und Nordamerika. Die Post in Bujumbura fuhr mit ganzen Wagen voller Briefe vor, adressiert an das Bischofshaus und die Regierung. In allen stand, dass der Bischof nicht verfolgt werden dürfe und dass die Absender die Situation vor Ort wachsam beobachteten. Noch heute steht Bischof Simon das Erstaunen und die Rührung über diese Briefaktion von Amnesty International zu seinem Schutz ins

---

23 siehe: https://www.amnesty.org/download/.../afr160071995en.pdf, Seite 12f. Zuletzt abgerufen am 14.11.2017.

Gesicht geschrieben: „So viel Solidarität. Von irgendwelchen unbekannten Menschen, irgendwo auf der Welt. Wenn du mehr Zeit hättest, könntest du ins Archiv gehen. Alle Briefe sind noch da. Sie haben mein Herz tief berührt."

Bischof Simon ist nicht der einzige Geistliche, der in Gefahr ist. Am 9. September 1996 wird Erzbischof Joachim Ruhuna in Gitega ermordet.

9. Als Erzbischof immer in Lebensgefahr: von Attentaten und Lebensrettern

Der Gärtner weiß genau,
warum er seine Bäume beschneidet.
Der Schmied weiß wohl, dass er das Eisen
bis zur Weißglut erhitzen muss.
Zu wenige Menschen allerdings
wollen freiwillig ihr Ich beschneiden,
um wahrhaft groß zu werden.[24]

MICHEL KAYOYA

„Wir dachten ja, einen Erzbischof bringen sie nicht um. Sie haben es dennoch getan." Auch über zwanzig Jahre nach der schrecklichen Tat ist Bischof Simon erstaunt über den Tabubruch, den der Mord an Erzbischof Joachim Ruhuna darstellte und bis heute darstellt. Erzbischof Ruhuna bedeutete Bischof Simon viel, er kannte ihn aus den Jahren in Rom und schätzte ihn sehr: „Eines Tages wollte Erzbischof Ruhuna mir eine besondere Freude

---

24 Michel Kayoya: Auf den Spuren meines Vaters, Jugenddienst Verlag, 1973, S. 91.

machen und bot mir einen Ausflug auf seiner kleinen Vespa an",
erinnert Bischof Simon sich mit einem Lächeln. „Ich durfte nach
Genzano, in der Nähe von Rom, fahren, um dort eine Kommunität, die Brüder Fatebenefratelli, zu besuchen, die sich um Menschen mit geistiger Behinderung kümmerte. An dem Tag habe
ich so viel über die Liebe gelernt, vor allem zu Menschen, die
von der Gesellschaft aufgegeben wurden. Als ich zum Bischof
ernannt werden sollte, kam der Erzbischof nach Gitaramuka,
um mich zu ermutigen. Er war für alle Menschen da, besonders
für die sogenannten „kleinen" Leute, für alle Burunder. Mir tut
es weh, dass es heute vor allem eine extremistische Gruppe ist,
die seine Taten für sich reklamiert. 1993 hat Erzbischof Ruhuna
viele, viele Menschen, vor allem Hutus, gerettet, Menschen, die
sich zu ihm in den Bischofssitz geflüchtet hatten, aber auch Menschen in den Hügeln. Er war wie ein Stier, wenn die Herde vom
Blitz getroffen wird: er hat sich aufrecht gehalten. Und er hat sein
Haus geöffnet. Ich habe ihn geschätzt, er hat mich geschätzt."

Trotz der gegenseitigen Wertschätzung war es für Bischof
Simon eine Überraschung, dass ausgerechnet er der Nachfol-
ger des ermordeten Erzbischofs werden sollte. Obwohl er lieber nicht Erzbischof geworden wäre, hat er ohne zu zögern die
Nachfolge zugesagt.

Als Bischof Simon in sein Amt als Erzbischof eingeführt werden sollte, waren die Nerven der Menschen in der Stadt zum
Zerreißen gespannt. „Jetzt kommt der Hutu-Bischof und will
sich rächen", war eine gängige Sorge: Bischof Simon war der
erste Hutu überhaupt, der ein Bischofsamt bekommen hatte –
und Erzbischof Ruhuna dementsprechend ein Tutsi gewesen.
Bei der Einführung war Père François als junger Diakon dabei,
heute ist er der Prior der Brüder im Versöhnungswerk von Bischof Simon. Er erzählt: „Es war wirklich eine Katastrophe, als

Erzbischof Ruhuna getötet wurde. Die Leute auf der Straße sagten, sie würden mit dem Hutu-Erzbischof den Tutsi-Erzbischof rächen. Neun Tage wurde in Gitega getrauert, es gab so viele Drohungen gegen den neuen Erzbischof, so viele. Als Diakon stand ich während der Einführung immer in seiner Nähe. Unentwegt beobachtete ich alles und überlegte immer, wo ich mich am besten positionierte, um ihn im Falle eines Angriffs schützen zu können." Für Père François ist es wie für Schwester Godelive – oder auch für den Fahrer Yusuf: Das Leben von Bischof Simon ist ihnen mehr wert als ihr eigenes. Yusuf, der sehr warmherzige und freundliche Fahrer von Bischof Simon, Familienvater und Muslim, erzählt mir, wie oft er schon in einen Hinterhalt mit dem Bischof geraten ist oder wie oft er von einer Falle gehört habe. Er ist extra immer in den Vierteln unterwegs und erkundigt sich, damit er alle Gerüchte mitbekommt und den Erzbischof beschützen kann. „Ich liebe ihn, er ist wie ein Vater für mich, lieber sterbe ich, als dass ich jemand anderen fahre", antwortet er auf meine Frage, ob er denn nicht lieber eine sicherere Arbeit hätte, so unpathetisch wie bestimmt. Yusuf wäre auch gerne Teil des Werkes von Bischof Simon. Er wartet darauf, dass das Werk einen interreligiösen Zweig bekommt. In der Zwischenzeit versucht er auf seine Weise zu leben, was er von Bischof Simon lernt.

Die Einführung als Erzbischof ging, entgegen aller Sorgen, ohne weiteres Blutvergießen vonstatten. Für Père François wurde sie zu einer Wende in seinem Leben. „So war ich von Anfang an dabei, als 1997 Monseigneur mein Erzbischof wurde, und konnte ihn ganz aus der Nähe kennenlernen. Ich war so froh darüber. Jetzt konnte ich mir selbst ein Urteil über diesen Mann bilden, über den so schlecht geredet wurde. Man sagte, er hätte Tutsis getötet, man sagte, er besitze über 2.200 Lastwagen, mit denen er

Waffen ins Land schmuggelte, um damit die Tutsis töten zu können. Ich habe das niemals geglaubt. Er war ein Mann der Kirche, er würde das nicht tun. Ich hatte ihn ja schon vorher kennengelernt, er hatte kein Bedürfnis, sich zu rächen, ganz im Gegenteil, er sprach über Versöhnung. Er sprach darüber, Versöhnung zu leben, um Gerechtigkeit wieder herzustellen. Er sprach davon, dass wir Zeuge sein konnten, konkrete Zeugen dieses neuen Lebens sein konnten. Davon fühlte ich mich persönlich berufen. Überall gab es Betrug, aber wir brauchten aufrichtige, mutige Menschen.

Ich hatte das Bedürfnis nach Versöhnung. Überall sah ich Gewalt und Betrug in unseren Beziehungen. Als Lehrer hatte ich vom „Certificat vendu" (wörtlich: „verkauftes Zertifikat", gemeint ist der intellektuelle Genozid), vom Betrug an den klugen Hutu-Kindern erfahren, deren gute Resultate an nicht so kluge Tutsi-Kinder weitergegeben wurden. Das konnte ich nicht hinnehmen. Ich *musste* ein Apostel der Versöhnung werden, ich hatte diesen Durst danach, das Evangelium, ein Buch der konkreten Liebe, zu leben. Und diese Konferenz zur Einführung des neuen Erzbischofs hatte auf meinen Durst geantwortet. Ich hatte so viel Durst, ich habe immer noch Durst.

Da ich mich schon aufgrund meiner eigenen Geschichte mit der Überwindung von ethnischen Grenzen beschäftigte, hatte ich zuvor ein Theaterstück über Versöhnung für Schulen geschrieben. Das Stück wurde mit einem Preis ausgezeichnet, an vielen Schulen aufgeführt. Ein erster Schritt in die richtige Richtung, um bereits Kinder für dieses Thema zu sensibilisieren. Schließlich konnte es doch nicht immer so weitergehen! Im Vorwort des Theaterstücks schrieb ich, wovon ich selbst zutiefst überzeugt bin: ‚Mach das Gute, und du wirst davon profitieren, mach das Böse, und es wird dich verfolgen.'

Am Ende der Amtseinführung ging ich also zu Monseigneur und fragte ihn, ob ich als Priester Teil des Versöhnungswerkes sein dürfe. Er sagte: ,Willkommen, François Xavier'. Dann zeigte ich ihm mein Theaterstück. Nachdem er es gelesen hatte, sagte er mir, genau das sei auch sein Ideal. Das Theaterstück wurde zum Bindeglied zwischen dem Erzbischof und mir. Dieses Jahr wird es schon seit mehr als zwanzig Jahren aufgeführt. Im Juli 1997 wurde ich von ihm geweiht, 1999 zu ihm an die Kathedrale versetzt. Ich habe in Monseigneur meinen spirituellen Vater gefunden."

In dieser Zeit machte Père François seine eigene Erfahrung mit Rebellen: „Es war der 3. Oktober 1999 um 5.30 Uhr. Damals wurde ich von Rebellen angegriffen. Sie klopften an die Tür. Als ich öffnete, stürmten sie mein Haus und nahmen alles mit, was ich besaß. Nur meinen Pyjama ließen sie mir. Und dann, es war grotesk, aber so war es, befahlen sie mir, sie zur Messe zu begleiten. Was für eine Ironie! Ich weigerte mich. Sie sagten, sie seien die, die jetzt an der Macht seien. Ich habe geantwortet, dass das Böse nicht zwischen Hutus und Tutsis sei. Nun, sie haben mir wenigstens nichts getan und ließen mich schließlich meiner Wege gehen. Kurze Zeit später ging ich in die Schweiz, um dort meine Masterarbeit über Versöhnung zu schreiben. In Burundi wurde nur der Bachelorstudiengang angeboten."

Die Anfangsjahre in Gitega nutzten viele Menschen wie Père François, um zu den Vorträgen von Bischof Simon über Versöhnung zu gehen. Mal, weil sie sich wie Père François ein eigenes Bild zu den Gerüchten machen wollten, mal, weil ihnen ihre eigene Geschichte auf der Seele lag und weil sie sich fragten, ob Versöhnung ein Ausweg aus dem Albtraum sein könnte, und mal, weil die Arbeit von Monseigneur sie an ihr eigenes Schicksal erinnerte. Wie Ildéphonse, der zum Laienzweig des Werkes gehört: „Ich lernte Monseigneur direkt kennen, als er nach Gitega kam. Er war ein freundlicher Mann, ich hatte von seinem Werk gehört, davon, dass sein Ziel Versöhnung war und dass er sich um Witwen, Waisen und Gefangene kümmerte. Also ging ich mit meinem Herzen unter dem Arm zu ihm. Mit allem, was ich erlebt hatte: Damit, dass ich den Namen meiner Mutter nicht wusste, damit, dass auf meinen Schulheften immer ein anderer Name als mein eigener stand. Und mit der Frage: Wie kann man so viel Ungerechtigkeit verzeihen? Ich hatte mir vorgenommen, ihm zuzuhören, herauszufinden, wie er das macht. Ich ging zu einem seiner Vorträge, setzte mich hin, hörte ihm zu. Er stellte sich vor, er heiße Simon Ntamwana, und dann erzählte er seine Geschichte. Und ich merkte sofort, dass seine Geschichte die gleiche wie meine war, dass er mich verstand. Und dass wir den Weg zusammen gehen könnten, weil er das Leid kannte. Ich machte dann die allgemeine Ausbildung bei ihm, in der wir die Versöhnungsarbeit lernten, war aber immer noch nur ein Sympathisant, kein Mitglied seines Werkes. Aber als sie ein Zentrum für Waisenkinder eröffneten und ich in den traurigen Augen der unterernährten Waisenkinder meine eigene Kindheit wiedererkannte, ging ich immer öfter zum Werk, um dort zu helfen. Als eine Sekretariatsstelle frei wurde, bat Monseigneur mich, mit ihnen zu arbeiten. Jetzt war ich ganz nah dabei und konnte die Waisen, die Witwen aus der Nähe betreuen und sehen, wie Monseigneur ihnen mit kleinen Projekten half, wie den Ziegenprojekten[25]. ‚Das kannst du nicht wissen‘, erklärte er mir, ‚aber

---

25 Solche Ziegenprojekte gibt es mittlerweile an vielen Stellen in Afrika. Der Grundgedanke: Eine Familie bekommt eine Ziege geschenkt, damit sie mit Milch und Dung für ihren Lebensunterhalt sorgen kann. Und das erste Ziegenjunge, das die Ziege wirft, verschenkt sie an eine andere Familie, damit auch diese für ihren Unterhalt sorgen kann.

die Witwen und Waisen sind isoliert in unserer Gesellschaft. Es gibt sogar Witwen, denen man noch nicht mal das Weinen erlaubt über den Mord an ihrem Mann. Sie werden bedroht damit, dass man sie ebenfalls töte, wenn sie weinten. Mit dem Besitz der Ziege hört die Isolation auf, die Witwen können wieder für sich sorgen, wieder am gesellschaftlichen Leben teilnehmen.' Beeindruckt von diesem Ansatz absolvierte ich daraufhin das ganze Programm des Versöhnungswerkes, alle Stufen, die man durcharbeiten muss, um im Werk aufgenommen zu werden: wie man spricht, wie man an Versöhnung arbeitet. Ich verschrieb mich voll und ganz der Arbeit mit den Witwen und Waisen, für sie entschied ich mich. Andere im Werk wollten sich bei den Gefangenen engagieren, wieder andere bei der Wiedereingliederung der Flüchtlinge, aber bei mir waren es die Waisenkinder und ihre Mütter, die kein Geld mehr hatten, für ihre Kinder zu sorgen."

Mit der Arbeit für die Kinder, damit, etwas Gutes für andere zu tun, ist es aber nicht getan, merkt Ildéphonse bald: „In der Ausbildung spürte ich, dass mein Herz voller Groll, voller Hass war. Mein Herz war wie ein verschlossenes Haus, unfähig, Gott oder Menschen wirklich aufzunehmen. Nach einigen Jahren des Dienstes, in denen ich mein Herz immer mehr öffnen konnte, hatte ich endlich genügend Stabilität, um auch mal wieder an mein eigenes Leben zu denken, über eine Frau und Kinder nachzudenken. Mir war jedoch klar, dass ich nur eine Frau würde heiraten können, die ebenfalls Teil des Werkes werden wollte. Das hier kann man nur zusammen machen. Zum Glück fand ich eine solche Frau und wir konnten heiraten."

Adèle hat die Qual wegen des Verlustes ihres Babys und all der anderen Gräueltaten, die ihr zugefügt wurden, in die Vorträge von Bischof Simon mitgebracht:

„Eines Tages hörte ich davon, dass unser Erzbischof Simon Ntamwana dabei ist, ein Werk der Versöhnung zu gründen. Obwohl er ein Hutu war und man all diese furchtbaren Gerüchte über ihn hörte, war ich neugierig, selbst zu hören, was er zu sagen hatte. Also ging ich zum ersten öffentlichen Vortrag über Versöhnung als Beobachterin. Ich ging hin, um ihn zu sehen, ihm zuzuhören. Aber ich ging mit sehr viel Angst dorthin, Angst davor, dass die Hutus mich töten würden. Als ich ankam, merkte ich, dass viele der anwesenden Menschen Angst hatten. Aber: Es waren Hutus und Tutsis gemeinsam im Raum. Das war etwas sehr Besonderes. Monseigneur sagte viele Dinge, die mich stärkten. So sagte er: ‚Ihr könnt nicht leben, ihr könnt keinen Frieden finden, ohne euch zu versöhnen, ohne zu verzeihen.‘ ‚Ah bon? Wirklich?‘, fragte ich mich. Ist das so? Mit der Frage hat alles angefangen, ich habe sie mir gestellt, sie für mein Leben gedacht.

Aber ich war auch so verwundert darüber, dass dieser Mann, über den so böse geredet wurde, so großherzig sprach, so sprechen konnte, nach allem, was er verloren hatte und wofür er obendrein verleumdet wurde. Seine Worte fielen in meinem geschundenen Herzen auf fruchtbaren Boden. Wieder zu Hause erzählte ich meinem Mann von diesem beeindruckenden Vortrag. Er hatte Angst um mich (und auch um sich), wenn ich nicht aufhörte, dorthin zu gehen. Er wollte mir verbieten, noch einmal zu einer solchen Konferenz zu gehen. Aber ich hatte ja gesehen, dass bei dieser Konferenz alle Ethnien vertreten waren. Menschen, die schreckliche Dinge übereinander gesagt hatten, saßen nebeneinander und hörten zu. Ich erklärte meinem Mann, dass ich den Ort gefunden hatte, an dem ich leben konnte. Koste es, was es wolle. Ich wollte Mitglied werden im Werk, weil ich Hoffnung geschöpft hatte. Mein Mann akzeptierte meine Entscheidung irgendwann, aber erst nach vielen Widerständen. Und eines Tages fragte er mich sogar, ob er mich begleiten könne. Heute sind wir beide Mitglieder im Werk.

Nichts von dem, was man über meinen Monseigneur sagte, war wahr. Aber alles, was er über Versöhnung sagt, ist für mein Leben wahr. Er ist der erste Mensch, der gesagt hat, dass Burundi nur eine Zukunft habe, wenn die Menschen sich versöhnten. Man müsse um Verzeihung bitten, man müsse sich versöhnen. Ich habe seither an vielen Versammlungen teilgenommen, immer wieder spricht er über Versöhnung und Vergebung. Er ist ein starker Mann. Er predigt Versöhnung und Vergebung und ist doch fast der Einzige seiner Familie, der übrig geblieben ist. Wie macht er das? Wie kann das sein? Er kann es, weil er sich auf Jesus bezieht. Das hat mir den Mut gegeben, das was er sagte, die gute Nachricht von Jesus, dieses Vorbild, das Jesus uns gibt – Jesus hat das Kreuz auf sich genommen und vergeben –, auch für mich, für mein Leben als Vorbild zu nehmen. So wie Monseigneur es macht, versuche ich es auch zu machen.

Wenn ich auf Monseigneur schaue – all das Böse, das er erlebt hat, all das Unrecht, das ihm angetan wurde –, vergibt er trotzdem. Diesem Beispiel will ich folgen. Er hilft so vielen Menschen, er liebt die Armen, die Waisen. Sie kommen immer zu seinem Haus und er gibt ihnen immer etwas. Auch Godelive hat so ein großes Herz. Alle, die verzweifelt und mutlos sind, wenden sich an sie oder an ihn. Die Witwen, die nichts zu essen für ihre Kinder haben, die kein Schulgeld haben, die Alten, die kommen – mit ihnen allen teilt er das wenige, das er hat. Ich kann das bezeugen, weil ich so nah dran bin. Und ich sage auch: Es war Monseigneur, der mir Kraft gegeben hat. Ich hatte immer ein Herz, aber Monseigneur hat mir die Kraft gegeben, es zu leben. Schau, wenn man in das Werk eintritt, wie wir Laien, dann versprechen wir laut vor der Gemeinschaft, vor Monseigneur und vor allen Christen: Wir werden das bisschen, was wir haben, mit den Armen teilen, wir werden denen vergeben, die uns Böses getan haben."

Während ich Adèle zuhöre, staune ich über die Kraft und die Entschlossenheit, mit der sie entschieden hatte, sich dem Werk anzuschließen. Ganz gleich, was alle anderen dazu gesagt haben oder hätten. Als ich im Februar 2017 nach Burundi reise, besteht Adèle darauf, dass ich in der so kurzen Zeit für eine halbe Stunde einen Besuch bei ihr zu Hause mache. Ihr Mann Fulbert und sie empfangen mich. Auch ihr Mann ist seit vielen Jahren im Versöhnungswerk. Wenn Adèle arbeitet, versorgt er die vielen Pflegekinder, die sie auf engstem Raum aufgenommen haben. Jetzt, am Vormittag, Adèle hat sich für mich freigenommen, sind die Kinder da, die am Nachmittag in die Schule gehen. Ein Junge im Grundschulalter versorgt eine Kuh, ein Mädchen, vielleicht gerade in die Pubertät gekommen, schaut nach dem Topf auf dem Holzkohlefeuer im Hof. Alle, Adèle, ihr Mann Fulbert und die älteren Kinder tragen die kleinen Kinder herum. Vor der Türe steht eine kleine Kreidetafel. Als ich dorthin schaue, folgt sie meinem Blick und erklärt: „Oh, wenn die Kinder abends da sind, dann üben wir noch mal alles, was sie am Tag in der Schule gelernt haben. Die Kinder lieben das, dass sie alle Fragen stellen und alles verstehen können. In ihren großen Klassen geht das ja nicht. Und ich liebe das auch." „Es ist so schade, dass sie dir verboten haben, als Lehrerin zu arbeiten, nur weil du ohne rechten Arm eine Invalide bist", bedauere ich. Die liebevoll beschriebene Tafel verfolgt mich eine Weile wie ein Gespenst, als Zeugnis für eine doppelte und dreifache Bestrafung. Adèle und ihre große Familie leben ein einfaches Leben. Adèle lässt mich in den Topf auf dem Holzkohleofen schauen: Reis, Linsen und Bohnen köcheln darin. „Meine Kinder bekommen jeden Tag Bohnen. Und oft Gemüse", erklärt mir Adèle ebenso froh wie stolz. „Sie sollen nicht mangelernährt sein. Nein, nein, nein!" Kurz nehme ich Platz auf der Couch gegenüber dem Esstisch im zentralen Lebensraum der Familie. Darüber hängt eine leicht verblasste laminierte Fotocollage der Familie. Adèle folgt meinem Blick, nimmt die Collage und zählt alle Namen auf. Dass ein Kind auf dem Bild fehlt, weiß ich ja schon. Nicht vorbereitet bin ich darauf, dass Adèle auf eines der Kindergesichter tippt und „an Malaria gestorben" sagt. Wie viel Leid kann ein Mensch ertragen, ohne zu verbittern?

Bis heute ist Bischof Simon Erzbischof von Gitega. Viel ist in den mehr als zwanzig Jahren passiert. Die Gewalt und das Blutvergießen haben nie aufgehört, aber so viel Gewalt es gab, so viele Versuche gab es auch, Frieden zu stiften. Es kam für die Menschen unerwartet, dass nicht nur Hutus und Tutsis starben, sondern auch der Europäer Michael Aidan Courtney, der laut Wikipedia am 29. Dezember 2003 unter bis heute nicht geklärten Umständen ermordet wurde. Michael Aidan Courtney, ein irischer Priester, war seit dem Jahr 2000 als apostolischer Nuntius, also als Botschafter des Vatikans, in Burundi, nachdem er zuvor als vatikanischer Diplomat in der Republik Südafrika, dem Senegal, Indien, dem ehemaligen Jugoslawien, Kuba und Ägypten gearbeitet hatte. Bischof Simon sagt über den Mord an Michael Courtney: „Nach allem, was wir wissen, war es eine Hinrichtung, um den Friedensprozess zu stoppen und versprochene finanzielle Hilfen an Burundi zu blockieren. Nach allem, was ich weiß, ist die FNL[26] für diese Hinrichtung verantwortlich." Weil Bischof

---

26 Die FNL („Force nationale pour de Libération") – frei übersetzt „Nationale Kräfte für die Befreiung" – ist eine militante Organisation von Hutu-Rebellen.

Simon so offen über die Hintergründe des Attentates sprach, erklärte die FNL ihn für vogelfrei, schrieb ihn zur Ermordung aus. Bischof Simon blieb gelassen: „Ich habe die Ruhe bewahrt. Es war ja nicht das erste Mal, dass eine solche Erklärung über mich abgegeben wurde. Und ich bin glücklich darüber, dass dieselben Menschen später kamen und sich bei mir entschuldigten. Ich weiß nicht genau, von wem die Entschuldigung ausging, aber sie kam auf jeden Fall von der Spitze der FNL. Ich konnte also wieder beruhigt sein."

Unterdessen wurde internationaler Druck auf die Parteien in Burundi ausgeübt, endlich Frieden zu schließen. Am 29. August 2000 schrieb der SPIEGEL unter der Überschrift „Friedensabkommen im letzten Moment": „Auf massiven Druck des früheren südafrikanischen Präsidenten Nelson Mandela und des eigens angereisten US-Präsidenten Bill Clinton haben sich die Bürgerkriegsparteien in Burundi doch noch auf ein Friedensabkommen geeinigt. Wann allerdings die Waffen schweigen werden, ist unklar." In dem Artikel heißt es weiter: „Zunächst hatte es lange nach einem Scheitern der Verhandlungen in Arusha ausgesehen. Mandela und Clinton setzten die Vertreter beider Seiten unter Druck und hielten ihnen die Folgen eines Scheiterns der Verhandlungen vor Augen. Sichtlich verärgert warf Mandela den die Regierung und das Militär beherrschenden Tutsi vor, sie ignorierten den Mord an unschuldigen Menschen in Burundi und sabotierten die Verhandlungen. Clinton bot Finanzhilfen an, wenn das Abkommen geschlossen werde. ‚Wenn Sie sich entscheiden, steht Amerika und die Welt zu Ihnen', sagte er."[27] Das

---

27 http://www.spiegel.de/politik/ausland/burundi-friedensabkommen-im-letzten-moment-a-91027.html, zuletzt abgerufen am 13.11.2017.

Friedensabkommen war in der Tat sehr brüchig, wie unter anderem aus der wiederholten Beschäftigung des UN-Sicherheitsrates mit der Lage in Burundi deutlich wird. Ein Beispiel aus dem Jahr 2001: „Auf seiner 4341. Sitzung am 29. Juni 2001 beschloss der Rat, den Vertreter Burundis einzuladen, ohne Stimmrecht an der Erörterung des Punktes ‚Die Situation in Burundi' teilzunehmen. Auf derselben Sitzung gab der Präsident im Anschluss an Konsultationen unter den Mitgliedern des Sicherheitsrats im Namen des Rates die folgende Erklärung ab: ‚Der Sicherheitsrat fordert die sofortige Einstellung der Feindseligkeiten in Burundi. Der Rat fordert die bewaffneten Gruppen auf, Verhandlungen aufzunehmen. Der Rat bekundet erneut seine tiefe Besorgnis über die Fortsetzung des Konflikts in Burundi und den Tribut, den dieser unter der Zivilbevölkerung fordert. In diesem Zusammenhang betont der Rat abermals seine Unterstützung für den Friedensprozess von Arusha und die Anstrengungen des Moderators Nelson Mandela.'[28]

Nur mühsam kam der Friedensprozess voran, bis schließlich am 1. Februar 2005 auch die letzte Rebellengruppe die Kampfhandlungen einstellte. Am 19. August 2005 wurde der Hutu Pierre Nkurunziza zum Präsidenten von Burundi gewählt, die erste Regierung, in der beide Ethnien vertreten waren. Danach beruhigte sich die Lage, und viele Flüchtlinge kehrten zurück, fast 800 000 Geflüchtete kamen alleine aus Tansania zurück. Es begann eine Zeit der Hoffnung.

---

28 http:www.un.org/depts/german/sr/sr_01-02/spo1-06.pdf, zuletzt abgerufen am 13.11.2017.

10. Ein Jahrzehnt Hoffnung auf Frieden: Versöhnung ist immer ein Risiko

„Wir sind Schwestern und Brüder, ob uns das gefällt oder nicht. Wenn wir andere behandeln, als wären sie weniger menschlich als wir, als wären sie minderwertig, verstoßen wir damit gegen die Gesetze unseres Menschseins." „Das Wissen um diese Abhängigkeit nennt man in Afrika, in der Sprache der Nguni, ubuntu, oder botho auf Sotho – Wörter, die sich kaum übersetzen lassen. Es ist die Essenz des Menschseins. (…) Ich bin Mensch, weil ich dazugehöre."[29, 30]

DESMOND TUTU

„Ubuntu = Menschlichkeit, Menschentum: umfasst all jene Charakterzüge und Eigenschaften, die den vollkommenen Menschen ausmachen: Güte, Mitleid, Milde, Handeln mit Weisheit, Sanftmut, Großmut im Verzeihen, Freigebigkeit, Freundlichkeit, Liebenswürdigkeit, Geselligkeit."[31]

MICHAEL KAYOYA

---

29 Desmond und Mpho Tutu: Das Buch des Vergebens, Vier Schritte zu mehr Menschlichkeit, Allegria Verlag, 2014, S. 25 f.
30 Desmond Tutu: Versöhnung, Sei wahr und werde frei, Herder Verlag, 2008, S. 110.
31 Michel Kayoya: Auf den Spuren meines Vaters, Jugenddienst Verlag, 1973, Vorbemerkung.

Auch wenn das Friedensabkommen in den Augen der Welt unzulänglich war, brachte es den Menschen in Burundi neue Hoffnung. Père François erzählt es so: „Das Friedensabkommen von Arusha spendete Hoffnung für die ganze Gegend, ein großer Hoffnungsmoment für uns alle. Er war wie ein Aufstieg auf den Berg. Von oben sieht man das ganze Panorama, den Horizont und hat wieder Mut. Was uns Mut machte, was mir Mut machte, war die Tatsache, dass – zum allerersten Mal in der Geschichte Burundis überhaupt – beide Ethnien an der Regierung beteiligt waren."

Bischof Simon nutzte die Zeit, um sein Versöhnungswerk, das es mittlerweile seit 1998 auch offiziell gibt, in der Gesellschaft zu verankern: Die Mitglieder seines Werkes hielten Vorträge, gingen in Schulen, boten Workshops an. „Das Friedensabkommen von Arusha bedeutete für uns alle in der Kirche eine Pause, wir hatten so viel dafür getan, dass der Krieg endlich beendet werden würde. Jetzt konnte ich mich meinem großen Thema endlich mehr und offener widmen. Wir konnten Erfahrung mit Versöhnung machen. Und lernten: Ob ich Versöhnung anbiete, ob der Täter um Versöhnung bittet – es ist immer ein Risiko. Nie weiß man, wie es ausgeht, nie weiß man, was passiert, wenn man sich auf das Abenteuer der Versöhnung einlässt."

Die Versöhnungsprozesse nehmen die unterschiedlichsten Wege, private und öffentliche. Zwei Menschen, die ihre Vergebung öffentlich leben, sind Adèle und Emmanuel. Emmanuel kam erstmals im Gefängnis mit dem Versöhnungswerk in Berührung. Mitglieder des Werkes waren dorthin gekommen, um für Versöhnung zu werben.

Nach seiner Bluttat war Emmanuel zunächst geflohen. Er hatte zwei seiner Kinder mit ins Flüchtlingslager nach Tansania genommen und sich dort aus Angst vor Strafe und Rache versteckt. Allerdings floh er nicht unbedingt wegen seiner Tat: „Ich musste aus dem Land fliehen, weil ich französisch spreche, weil ich gebildet bin", erklärt er mir. „Ich flüchtete für fünf Jahre nach Tansania, im Dezember 1994 war das, im Jahr der Übergangsregierung. Wir kannten die Armee, wir wussten, in welcher Gefahr wir Hutus wegen ihr waren. Meine Frau und ich hatten sechs Kinder. Wir teilten sie auf, ich floh mit zweien von ihnen, meine Frau – Bäuerin und deshalb nicht in so großer Gefahr wie ich als gebildeter Hutu – blieb mit vier unserer Kinder zurück. 1999 waren vor allem viele Jugendliche nach fünf Jahren des Nichtstuns im Flüchtlingslager der Hilflosigkeit überdrüssig. Sie formierten sich zu Rebellen. Ich war zu dem Zeitpunkt schon 45 Jahre alt und wollte nicht wieder zu den kämpfenden Rebellen gehören. Mein 18-jähriger Sohn wandte sich glücklicherweise auch von den anderen Jugendlichen ab, ebenso meine 15-jährige Tochter. Doch auch für uns stand die Entscheidung an, ob wir zurück nach Burundi gehen sollten. Ich war zunächst unsicher, ob ich meine Kinder den harten Prüfungen, die Jugendliche in Burundi zu bestehen haben, aussetzen sollte. Ich entschied mich schließlich dagegen und ging ohne sie zurück." Emmanuel blieb sich treu. Hat er einen Entschluss einmal gefasst, zieht er ihn durch. In diesem Fall ließ er seine beiden Kinder wirklich alleine in Tansania zurück. Er wollte zurück nach Burundi. Und zwar ins Gefängnis: „Ich wusste, ich würde getötet werden, sobald ich nach Hause kam. Also wollte ich alles dafür tun, ins Gefängnis zu kommen. Ich fuhr also nach Burundi in der Angst, beim Vorbeifahren an den Lagern der umgesiedelten Tutsis sofort umgebracht zu werden. Aber schon in meiner Heimat, in Muyinga, wurde ich von einem Mitglied meines Hügels festgenommen. Aber es war auch egal, ich wäre so oder so festgenommen worden, ganz egal, ob ich etwas getan habe oder nicht. Man verurteilte mich zu lebenslänglicher Strafe, immerhin tötete man mich nicht. Am 18. August 1999 kam ich ins Gefängnis."

Der bittere Ton, der bei allen Erzählungen von Emmanuel mitschwingt, bahnt sich nun seinen Weg an die Oberfläche: „Seit Arusha, das war ja kurz nachdem ich verurteilt worden war, waren die Bedingungen ungerecht, nicht gleichberechtigt. Meine Mutter und mein Bruder sind erschossen worden, während ich in Tansania war. Aber damals wurden nur die Taten der Hutus verfolgt, nur die Hutus verhaftet. Es gab einfach zweierlei Maßstäbe, niemand ist für die Menschen zur Rechenschaft gezogen worden, die ich verloren habe. Ich war in vier verschiedenen Gefängnissen, insgesamt fast sieben Jahre lang in Haft. Aber die Tutsis mussten ihre Strafen nicht absitzen." Emmanuel klingt immer wieder bitter, wenn er erzählt, dass er gesühnt habe, die Mörder seiner Familie aber ungestraft davonkamen. Ich frage ihn direkt, wie es ihm damit gehe. Nicht gut, sagt er, es sei Unrecht. Als Bischof Simon das Manuskript liest, erfährt er zum ersten Mal davon, dass Mitglieder von Emmanuels Familie, darunter seine Mutter, ermordet wurden. Er erschrickt darüber und will mit Emmanuel daran arbeiten, dass er sich auch mit diesen Verlusten aussöhnen kann. Emmanuel fährt fort: „Im September 2002 war mein Prozess. 2003, nach Verhandlungen in Pretoria in Südafrika, in denen Arusha weiter verhandelt wurde, wurde ich als politischer Gefangener entlassen. Am 15. Februar 2006 war ich endlich wieder frei."

Emmanuel wurde in die Freiheit gespuckt, in ein Land, das er nach zwölf Jahren Abwesenheit auf der Flucht und im Gefängnis nicht mehr kannte. Zu vieles hatte sich verändert. Auch er selbst hatte sich verändert. In der Haft hatte er Kontakt zu Bischof Simons Versöhnungswerk aufgenommen: „Schon im Gefängnis schrieb ich Monseigneur, ohne zu wissen, dass Godelive, die ich schon von früher kannte, Teil seines Werkes war. Umso größer war meine Überraschung, als er sie auf meinen Brief hin zu mir schickte. Sie brachte mir Essen. Dann haben wir fünf Jahre zusammen daran gearbeitet, wie ich mich mit meinen Taten aussöhne und den Familien meiner Mordopfer Versöhnung anbieten kann." Nun kam der veränderte Emmanuel im Alter von Anfang 50 nach zwölf Jahren erstmals wieder in sein Heimatdorf. „Ich musste mich erst wieder an die Gemeinschaft gewöhnen", erzählt er. Seine Frau hatte ihn 1999 in Tansania eine Woche im Flüchtlingslager besucht. Als sie sah, dass er keine andere Frau hatte, beschloss sie, ihm treu zu bleiben. Nur ein einziges Mal hatte sie ihn in den sieben Jahren im Gefängnis besucht. Ebenso wie sein Sohn. Einmal im Jahr schickte seine Familie ihm Essen ins Gefängnis. Es verwundert also nicht, dass in Emmanuels Augen auf dem Hügel nichts mehr war wie vor seiner Flucht.

Emmanuel wollte ins Versöhnungswerk aufgenommen werden. Das ging nur, wenn er sich, wie alle anderen auch, zur Versöhnungsarbeit verpflichtete. In seinem Fall hieß das, den Angehörigen der Menschen, die er ermordet hatte, Versöhnung anzubieten. Das ging jedoch nicht ohne die Hilfe und Unterstützung der anderen im Werk. Als Erstes aber schrieb Emmanuel einen Brief. In Kigali frage ich ihn, ob ich ihn lesen dürfe. Emmanuel erlaubt das – und als ich im Frühjahr 2017 nach Burundi komme, gibt er mir sechzehn in Französisch und Kirundi eng beschriebene Seiten mit. Alles akribisch extra für mich noch einmal abgeschrieben. Diesen Brief hatte Emmanuel im September 2007 an die Familien seiner Opfer geschrieben. Die Vermittlungsarbeit übernahmen Bischof Simon und Schwester Godelive. Der Bischof erinnert sich an den Versöhnungsprozess, als sei es gestern gewesen: „Emmanuel hatte unsere Botschaft im Gefängnis gehört. Und fand daraufhin den Mut, um Versöhnung zu bitten. Aber das braucht Zeit, wenn das Blut von anderen an deinen Händen klebt, dann kannst du nicht einfach zu den Opfern gehen. Wir überzeugten Emmanuel nach seiner Freilassung langsam Schritt für Schritt davon, dass es möglich ist, zu sagen: ,Ich war es. Ja, ich habe das getan.' Nach zwei, drei Monaten bat er uns, Kontakt zu den Familien der Opfer aufzunehmen. Zu dritt, zusammen mit Adèle und Schwester Godelive suchte ich die betroffene Familie in Bujumbura auf, beziehungsweise hatten wir sie gebeten, sich an einem neutralen Ort mit uns zu treffen. Vorsichtig hatten wir sie vorbereitet, hatten sie vorgewarnt, dass wir mit einer schwierigen Botschaft kommen würden, die vielleicht erst mal sehr wehtun könnte. Wir hatten ihnen erzählt, dass jemand uns zu ihnen schickt, der sie gerne treffen würde. Die Familie hatte unterdessen den Brief von Emmanuel erhalten, in dem er genau beschrieb, warum er getötet hatte. Diesen Brief zu schreiben, war eine große Herausforderung für ihn, weil er vorher noch nie so offen darüber gesprochen hatte. Die Familie wusste also schon, worum es ging, und fragte uns nach unserer Meinung. Wir sagten ihnen, dass wir den Brief für einen guten Anfang hielten. Nach ein paar Tagen gab die Familie dann Nachricht, dass sie bereit zu einem Treffen sei. Doch es gab noch eine andere betroffene Familie in Gitaramuka. Die mussten wir natürlich auch benachrichtigen, zumal sich hier Emmanuel und die Familie des Opfers jeden Tag über den Weg laufen konnten. Die Familie in Gitaramuka war schon durch den Ortspfarrer informiert worden, dass sie mehr über den Tod ihrer Verwandten erfahren könnten, wenn sie das wünschten.

Einen Monat später kam es dann, getrennt in Gitaramuka und Bujumbura, zu sehr schwierigen Begegnungen. Beide Male las Emmanuel seinen Brief vor. Das dauerte fast eine Stunde. In Bujumbura war es eine Stunde kalten Schweigens vonseiten der Opferfamilie. Emmanuel sagte immer und immer wieder: ‚Macht mit mir, was ihr wollt.' Um Emmanuel zu unterstützen, war auch seine Frau zu dem Treffen mitgekommen. Auch sie litt unter der Situation: Als Frau eines Mörders war sie schlecht angesehen. Schließlich, nach einer Stunde des Schweigens, gab es eine heftige Reaktion. Die Menschen weinten heftig und fragten schließlich: ‚Hast du wirklich selber die Menschen ermordet?' ‚Ja, leider habe ich es wirklich selber getan. Dummerweise habe ich es den anderen Mördern gleichgetan.' Die Familie verließ das Treffen frühzeitig. Zwei, drei Wochen später fragte die Familie uns wieder, was wir von dem Treffen gehalten hätten. Wir haben wieder gesagt, dass wir es gut und richtig finden, was Emmanuel macht.

Ähnlich verlief auch das Treffen mit der anderen Opferfamilie in Gitaramuka. Die Geschwister des Opfers waren nicht überrascht, sie waren ja schon informiert. Wieder war das Treffen durch den Ortspfarrer begleitet. Der Pfarrer hatte nach dem ersten Gespräch ohne Emmanuel immer wieder Gelegenheit gehabt, mit der Familie zu sprechen. Auch damit sie vom Mut Emmanuels nicht überrascht würden. Es war eine schwierige, eine tiefe Stunde, die das große Leid der Menschen offenbarte. Die Menschen, die zugehört hatten, solange Emmanuel seinen Brief vorlas, fingen sofort an zu beten, sobald er aufhörte. Sie dankten Gott dafür, dass sie jetzt die Wahrheit wussten. Es war sehr, sehr berührend, hier haben die Opfer die Vergebung ausgesprochen. Aber der Weg war noch nicht zu Ende, denn sie nahmen ihre Worte nach erneutem Überlegen wieder zurück. Was folgte, war ein langes Gespräch, an dessen Ende sie der Vergebung schließlich wieder zustimmten. Was in ihren Herzen liegt, wissen jedoch nur sie selbst. Mit der Vergebung der Opfer konnte man in der Familie von Emmanuel eine große Entspannung merken. Sie waren entlastet und wurden in der Umgebung auch wieder mehr respektiert, weil diese Gespräche stattgefunden hatten. Und es war deutlich für die Menschen eine Inspiration zu sehen, dass solche Gespräche überhaupt stattfinden können."

Für Emmanuel waren es dramatische Zeiten. Das Risiko war in der Tat für ihn besonders hoch. Anders als in Ruanda gab und gibt es in Burundi kaum Erinnerungskultur, wenig Auseinandersetzung mit dem Völkermord, den wechselseitigen Verbrechen von Hutus an Tutsis und von Tutsis an Hutus. Emmanuel war ein Pionier, er machte etwas, was sonst niemand machte. Ich habe es zu Beginn schon einmal geschrieben: Ich bekomme eine Gänsehaut bei dem Gedanken daran, was er gewagt hat. Was wäre in Deutschland wohl passiert, wären in den 50er-Jahren Menschen aufgestanden und hätten bekannt: ‚Wir haben die jüdische Familie XY denunziert', oder auch nur: ‚Wir haben gemeldet, dass jemand den Hitlergruß nicht machte'? Was Emmanuel wagte, war groß. Wie aber würden seine betroffenen Landsleute auf seine große Geste reagieren? Emmanuel ging einen hochriskanten Weg, den er aus seiner Perspektive so erlebte: „Im November kam Schwester Godelive, um mir zu sagen, dass mein Brief angenommen worden sei. Ich wollte wiedergutmachen, was ich durch meine Morde, meine Sünden angerichtet hatte. Die drei Toten gehörten zu meiner Colline, zu meiner Heimat. Die Angehörigen wussten nicht, dass ich der Mörder war, bis ich ihnen meinen sechzehnseitigen Brief schrieb, in dem ich um Verzeihung bat. Ich schickte eine Kopie an den Ortspfarrer der Familie, an den Erzbischof und Sr. Godelive, damit sie den physischen Kontakt zur Familie herstellen konnten. Den Brief sehe ich als eine Wiedergutmachung, unterzeichnet habe ich ihn am 28. August 2008, dem Fest des

Heiligen Augustinus, dem Patron des Versöhnungswerkes." Es wurde ein schwieriger Weg, die Familien der Opfer verhielten sich höchst ambivalent – an Emmanuels Beispiel wird deutlich, wie viel eine solche Versöhnung allen abverlangt. Emmanuel erzählt, dass die Familien erst verleugneten, seinen Brief erhalten zu haben: „Nein, nein, wir haben den Brief nicht bekommen', sagten sie. Dann habe ich noch mal eine neue Kopie gemacht und diese später, als wir uns trafen, in ihrer Anwesenheit vorgelesen. Aber ich wusste ja, dass sie den Brief schon gelesen hatten, zu sagen, er sei nicht angekommen, war eine Schutzbehauptung. Irgendwann antworteten die Opfer mir, wir tauschten uns aus. Sie wollten Geld zur Wiedergutmachung. Ich wartete darauf, wie sie sich entscheiden würden. In unserer Kultur sagt man erst mal immer ‚Nein', auch beim Heiratsantrag sagt die Frau immer erst einmal ‚Nein'. Sie antworteten mit ‚Nein', doch ich konnte ein leises ‚Ja' erkennen. Die Antwort der Familie kopierte ich und gab sie allen, die auch meinen Brief bekommen hatten. Bei unserem Treffen hatten sie dann aber doch ein ‚Ja' zur Vergebung, nahmen dies jedoch am Ende wieder zurück. Irgendwas bewegte sie nach einiger Zeit dazu, mir doch zu vergeben." Wäre der Versuch bei einem ‚Nein' eigentlich in seinen Augen vergeblich gewesen, frage ich Emmanuel. „Wenn ich um Verzeihung bitte, dann versöhne ich mich mit mir selbst. Wenn der andere es nicht annimmt, dann ist das so. Das ist eine Sache zwischen ihm und Gott."

Versöhnung bedeutet für jeden Menschen und im Leben von jedem Menschen etwas anderes. Bischof Simon schaut deswegen mit jedem Menschen, der sich auf einen Kontakt zu ihm einlässt, ganz genau, was Versöhnung im Fall des- oder derjenigen, der oder die da gerade vor ihm steht, bedeutet:

„Als ich 1997 nach Gitega kam, lernte ich Adèle durch Madame Béatrice kennen. Mit Godelive zusammen arbeiteten wir drei Jahre daran, dass Adèle ihren Tätern, von denen inzwischen einige im Gefängnis waren, vergeben konnte. Adèle ist eine sehr tapfere Frau, sie hat das öffentlich gemacht, sie hat öffentlich gesprochen, was ihr viele übel genommen haben. Tutsis warfen Adèle vor, sie habe sich von mir kaufen lassen, ihre Versöhnung sei nichts wert." Außerdem war Adèle den Menschen noch aus anderen Gründen suspekt: „Adèle ist von den Ihren sehr schlecht behandelt worden. Sie war eine alleinerziehende Mutter, lebte ohne Mann. Dass Fulbert, ein ehemaliger Ordensmann, sie geheiratet hatte, gab ihr ihre Würde zurück. Auch, weil er sie als Invalidin akzeptierte. Es ist bei uns eine Schande für die Familie, wenn sie eine behinderte Person zu sich nimmt, erst recht für einen Mann", erzählt er mir.

Für Adèle ist es bis heute ein Segen, dass sie sich damals ein Herz gefasst und zu den Vorträgen von Bischof Simon gegangen ist: „Wenn wir in das Werk eintreten, vergeben wir denen, die uns Böses getan haben. Und so habe auch ich diesen Dienst geleistet: Ich habe den Menschen vergeben, bedingungslos vergeben, die mich verstümmelt und mein Kind getötet haben. Als die Straftaten Ende der 90er-Jahre verfolgt wurden und das Gericht mich fragte, was ich von den Tätern fordere, sagte ich: ‚nichts'. Es gab nichts, was sie mir hätten geben können. Sie konnten mir weder mein Kind noch meinen Arm oder auch nur mein Haus zurückgeben. Ich vergab ihnen ohne Bedingung. Wenn die Regierung die Täter verfolgen will, sollen sie das tun, aber ich wollte diesen Personen keine Steine in den Weg legen. Drei Menschen, Hutus, standen vor Gericht: der Verwalter der Gemeinde, ein Lehrer aus meinem damaligen Kollegium an der Schule und eine dritte Person, die ich nicht kannte. Sie hatte die Befehle an jenem Abend gegeben. Alle Menschen aus meinem Dorf verfolgten den Prozess, der Staat stellte mir sogar einen Anwalt. Zunächst konnte das Gericht gar nicht glauben, was mir widerfahren war, doch die drei Männer bestätigten meine Aussage. Nachdem alle Taten ausgesprochen waren, saßen die Täter zusammengesunken auf ihren Plätzen. Das Gericht verfügte, dass sie alle drei im Gefängnis ihr Leben verbringen sollten. Später erhielten sie jedoch Amnestie. Ich aber vergab ihnen, woraufhin die Hutus im Raum sich freuten und klatschten. Die anwesenden Tutsis hingegen machten ein abschätziges, ablehnendes Geräusch." Adèle verschränkt die Arme vor der Brust, schüttelt den Kopf, verzieht das Gesicht und ahmt das Geräusch nach: „Grmm. Die Tutsis waren sich sicher, dass Monseigneur mich bezahlt haben musste, damit ich sagte, dass ich den Tätern vergab. Sie warfen mir vor, unehrenhaft zu sein, und drohten, mich zu töten."

Puh – so ein großer Schritt! Öffentlich. Und dann wird sie von ihrem Stamm auch noch beschimpft. „Gab das keine neue Wunde?", will ich wissen. „Ja, das war eine neue große Wunde. Wenn mein Mann in eine Bar ging, sagten die anderen zu ihm, er könne doch zahlen, jetzt, wo ich so viel Geld erhalten hatte. Er regte sich fürchterlich auf, aber ich bat ihn, Ruhe zu bewahren, sich nicht zu ärgern und einfach nicht hinzuhören. Mit der Zeit begannen die Menschen dann wieder, anders über mich zu sprechen. Sie sahen, mit wie viel Zuneigung und Liebe ich Kinder aller Ethnien bei mir aufnahm. ‚Schau, jetzt hat sie Hutu-Kinder, die Frau mit ihrem Arm ist seltsam', sagten sie nun. Ich gab den Kindern ehrenamtlich Nachhilfe, nur um ihnen Zuwendung zu geben. Ich nahm in vielen Fällen den Platz der verlorenen Mutter für die Kinder ein. Ich kümmerte mich um die Hausaufgaben, ging zu den Waisenhäusern, um dort zu helfen – all das konnten die Menschen ja sehen. Und einmal, es war im Jahr 2002, also ein paar Jahre nach der Gerichtsverhandlung, legte ich Zeugnis in der Messe ab. Ich erzählte meine Geschichte und wie Gott mir dabei half, Versöhnung zu leben. Ich sagte: ‚Wenn du nicht verzeihst, dann bist du es, der sich krank fühlt. Versöhnt euch, damit zumindest die paar, die noch am Leben sind, ein Leben in Frieden leben können.' Ich versuche auch, Versöhnung vorzuleben. Wenn sich zum Beispiel Kinder streiten, stelle ich mich in die Mitte und gehe mit gutem Beispiel voran. Oder ich setze mich für Kinder ein, die Vergebung verdienen. Zum Beispiel, wenn sie etwas falsch gemacht haben und deshalb der Schule verwiesen werden sollen. Dann versuche ich, zwischen Schule und Eltern zu vermitteln. Das gelingt nicht immer, aber in vielen Fällen schon. Mich für Versöhnung einzusetzen, hat mich stark gemacht. Weißt du, früher hatte ich auch schon gute Ansichten, konnte sie aber nicht formulieren. Jetzt kann ich reden und andere überzeugen. Ich habe Freude an dieser Arbeit, selbst wenn mir schwierige Fälle begegnen. Ich habe schon so viel gesehen und erlebt in meinem Leben, dass ich vieles aushalten und anderen eine Stütze sein kann. Das alles verdanke ich der Versöhnungsarbeit.

Das heißt nicht, dass immer alles leicht ist. Es tut noch immer furchtbar weh, wenn ich ein Kind in dem Alter sehe, in dem Quentin jetzt wäre. Dann kann es mir passieren, dass ich das Bewusstsein verliere, dann werde ich wie verrückt. Auch an den Jahrestagen, an seinem Geburtstag, an seinem Todestag. Die anderen im Werk wissen das und lassen mich dann in Ruhe trauern. In diesen Momenten versuche ich, mich daran zu erinnern, was ich versprochen habe: Ich habe versprochen, diese Last zu tragen. Also versuche ich, sie auszuhalten. Ich bin nicht gestorben, vor mir ist das Leben. Das Leben mit den Kindern. Mein

Arm ist zwar weg, aber ich bin nicht tot. Wenn ich fast verrückt vor Trauer werde, dann schaue ich auf die Kinder, die noch klein sind und mich brauchen. Ich versuche dann, wieder meine innere Balance zu finden. Und ich sage mir: ‚Gott hat gewollt, dass ich lebe. Also lebe ich. Und wenn ich lebe, will ich auch wirklich leben!'"

„Wie sieht denn der Umgang mit den Tätern im Alltag aus", will ich von ihr wissen. „Haben sie ihrerseits um Vergebung gebeten" „Nein, bis jetzt noch nicht, aber vielleicht kommt das noch", antwortet Adèle. „Siehst du sie denn noch?" „Aber ja, es sind ja Kollegen auf dem Land. Nur der Verwalter ist schon tot. Ich sehe sie, wenn sie in die Stadt kommen, um ihren Lohn zu holen. Mittlerweile kommen sie und grüßen mich, fangen an, mir die Hand zu geben. Früher, wenn sie mich gesehen haben, sind sie so schnell weggelaufen, wie sie konnten. Versöhnung geht langsam. Es sind sehr, sehr kleine Schritte. Wer weiß, vielleicht passiert es noch, dass sie zu mir kommen und um Vergebung bitten. Mit der Zeit können sie sich ändern. Was für mich wichtig ist, ist der Schritt, den ich auf die Täter zugegangen bin. Ich tue einfach weiterhin Gutes und versuche, Menschen damit anzustecken. Der Sohn des Verwalters, einem der Täter, ging auf die Schule, an der ich unterrichtete. Immer wenn er mich sah, floh er mehrere Stunden auf die Toilette. Da ich nicht wollte, dass der Junge Angst vor mir hatte, und natürlich auch verhindern wollte, dass er die Prüfungen nicht bestand, ging ich zu ihm und redete mit ihm: ‚Es war dein Vater, der mir Böses angetan hat, nicht du.' Der Junge war richtig erleichtert, als er das hörte. Er war wie verwandelt, wie aufgewacht. Ab diesem Gespräch suchte er die Nähe zu mir, freundete sich mit meinem ältesten Sohn Kevin an und wollte uns zu Hause besuchen. Selbstverständlich erlaubte ich das. Seine Eltern hatten jedoch Angst, ich würde mich rächen wollen, und ließen ihn deshalb nicht zu uns kommen. Aber immerhin konnte der Junge die Schule nach ein paar Jahren erfolgreich abschließen und hoffnungsvoll in die Zukunft schauen."

Adèle und Emmanuel sind zwei Mitglieder des Versöhnungswerkes, die ihre Versöhnung öffentlich gemacht haben, weil die Dinge, um die es ging, in Strafprozessen auch eine öffentliche Relevanz hatten. Aber Versöhnung ist nicht teilbar in öffentlich und privat, in „Bei Völkermord, ja", „Bei Familie und Freunden, nein". Wer Mitglied im Versöhnungswerk werden möchte, ob als Ordensschwester oder -bruder, als Priester oder Laienmitglied, verspricht, sich im ganzen Leben auszusöhnen, in allen Lebensbereichen.

Joséphine, deren Leben bereits als kleines Mädchen das von Bischof Simon kreuzte, wuchs auf natürliche Art in das Versöhnungswerk hinein. Schon als Joséphine noch zur Schule ging, unterstützte Bischof Simon ihre verwitwete Mutter mit neun Kindern.

„1997, ich war eine junge Frau Mitte 30, hat Monseigneur mir von seinem Werk ‚Vie nouvelle pour la réconcilitation' erzählt. Ich hörte ihm gerne zu. Weil ich ihn so gut kannte, haben mich die bösen Gerüchte über ihn nicht angefochten, ich konnte schnell annehmen, was er lehrte. Ich besuchte alle seine Kurse und Vorträge und folgte seinem Wort, auch wenn es mir manchmal schwerfiel, weil ich merkte, dass er wirklich den Frieden sucht. Er jemand ist, der lehrt, damit das Land Frieden hat, damit die Menschen ihr Leid hinter sich lassen können. Er schafft es zu vermitteln, wie man sich versöhnt mit jemandem, der den eigenen Vater umgebracht hat oder den Freund.

Ich wusste schon als junges Mädchen, dass Monseigneur auf einem guten Weg war und wollte diesen Weg mitgestalten. Wir alle wollen Versöhnung, deswegen legte ich insgesamt dreimal ein Gelübde ab." Wie immer interessiert mich vor allem, wie *genau* das geht, das Sich-Versöhnen, und frage: „Und wie verlief dein Versöhnungsweg?" „Ich habe dir von meinem Vater erzählt. Und von den Menschen, die meinen Mann verfolgt haben, sodass er ins Ausland fliehen musste. Ich versuche, ihnen zu vergeben. Das ist meine Aufgabe." „Und an welchem Punkt der Aufgabe stehst du gerade?", frage ich. Ich stelle es mir besonders schwer vor, demjenigen zu verzeihen, der den eigenen Vater umgebracht hat. Doch Joséphine widerspricht mir. „Nein, das ist nicht schwer. Ich höre zu, was die Menschen zu sagen haben, was ihre Geschichte ist. Wenn sie dann erzählen, dass sie selbst ihre Eltern oder gar ihre Kinder verloren haben, versuche ich sie davon zu überzeugen, dass Vergebung alleine sie wieder freudvoll leben lassen kann. Dass Verzeihung der Schlüssel zu einem lebenswerten Leben ist." Moment! Das geht mir zu schnell: „Bevor du jemand anderen davon überzeugen kannst zu vergeben, musst du es doch selbst erst tun!", erkläre ich ihr meine Verwirrung. „Oh, ich bin fertig, ich habe schon vergeben", antwortet sie knapp und entschlossen. Da muss ich trotzdem noch einmal nachhaken: „Wie? Wie hast du den Mord an deinem Vater vergeben?" „Ich weiß nicht, wie ich dir das erklären soll…", beginnt sie unsicher. „Also, es gab die Hutus und es gab die Tutsis. Mein Vater war ein Hutu. Ich weiß, dass 1972 die Tutsis die Hutus getötet haben, aber ich weiß nicht, welche Person es war, die meinen Vater umbrachte." Jetzt bin ich erst recht verwirrt. Wie vergibt man, wenn man nicht weiß, wem man vergeben soll? Kann Joséphine einer Ethnie vergeben, frage ich mich. Und: Wie ist der innere Vorgang? Joséphine sagt: „Ich habe der Regierung verziehen, aber das ist erst mal nur eine Entscheidung. Der Prozess, die Versöhnung immer wieder neu zu wollen, wenn die Erinnerungen kommen, wenn ich mit den Folgen der Gewalt leben muss, das dauert dann. Bei mir dauert er bis heute an." Joséphine bleibt bei meiner Frage, wie man Unbekannten verzeihen könne: „Im April 2015 fand ich das Massengrab, in dem auch mein Vater liegt. Endlich! All die Jahre seit meiner Kindheit hatte ich danach gesucht. Ich traf dort eine Dame, die damals zehn Jahre alt gewesen ist, als ihre Familie getötet wurde, und die noch immer nicht wusste, in welchem der vielen Massengräber in Burundi ihre Familie lag. Zusammen mit der Schwester von Monseigneur legte ich einen Kranz auf dem Grab nieder für alle jene, die nicht wissen, wo ihre Angehörigen begraben liegen." Die Szene bewegt mich, aber sie erklärt mir immer noch nicht, *wie* Joséphine ihren Peinigern verziehen hat. Endlich wird sie konkreter: „Irgendwann hatte ich das Bedürfnis, doch noch mehr darüber zu erfahren, wo ich herkomme. Also bat ich Monseigneur um Hilfe. Nun kenne ich ja das Haus, das meiner Familie gehörte, und weiß auch, wer es jetzt bewohnt. Es gab eine Zeit unter der Hutu-Regierung, in der Menschen ihre Güter reklamieren konnten. Monseigneur ermutigte mich, der Regierung von meinem Fall zu erzählen. Also schrieb ich alles auf, was ich wusste: Von der Enteignung, dem Geld, das wir nie erhalten hatten, von Zeugen, die die Situation miterlebt hatten. Schließlich schickte ich meinen Brief an das Ministerium für Wiedereingliederung. Ich bekam nie eine Antwort. Mit einer Kopie des Briefes in der Hand nahm ich einen neuen Anlauf und ging direkt zum Ministerium. Angeblich war mein Brief dort nie angekommen. Obwohl ich meinen Brief diesmal dort ließ, erhielt ich auch darauf nie eine Antwort. Der Colonel, der damals schließlich das Auto meines Vaters beschlagnahmt hatte, ist heute ein Staatsbeamter in Pension und arbeitet zusätzlich für die Hilfsorganisation GIZ. Ich habe gedacht, die Regierung wird sich um die Klage kümmern, aber darüber ist die neue Krise 2015 gekommen. Wenn die Krise vorbei ist, gehe ich mit meinen Geschwistern zu der Dame, die heute in unserem Haus wohnt. Aber ich weiß genau, dass sie Bankbeamtin ist und von der Regierung Kredite bekommen hat." Jetzt wird ihre Versöhnungsgeschichte doch konkreter. „Wie wendest du das Konzept der Versöhnung auf den Colonel und diese Frau an, die in eurem Haus wohnt?", frage ich sie. „Also wenn Maman noch leben würde, dann würde ich sagen: ‚Gebt das Haus der Witwe, das wäre Gerechtigkeit.' Aber da das nicht der Fall ist, lassen wir es ruhen, wenn die Regierung uns das Haus nicht gibt. Wir haben vergeben, ich weiß nicht, ob dem Colonel oder der Frau oder der Regierung oder dem Regime. Aber wir haben vergeben. Aber wenn die Frau auszieht, würde ich mich freuen." „Und was ist mit deinem Herzen?", frage ich vorsichtig. „Mein Herz ist ruhig: Wenn es gut geht, ist es gut, wenn nicht, ist es auch gut. Es war das Regime dieser Zeit. Und wir wollen Frieden, endlich Frieden. Das ist der Schluss, den ich aus all dem ziehe. Ich möchte Frieden haben." Godelive nickt bekräftigend. Und ergänzt: „Man muss das Leben wählen."

Die Gespräche in Ruanda führen wir in kleinen Gruppen, zwei, drei, vier bleiben jeweils mit mir im Haus – die anderen brechen am Morgen zum internationalen Kongress zum Thema Barmherzigkeit auf, der in diesen Tagen in Kigali stattfindet und bei dem Bischof Simon einer der Hauptredner ist. An einem Morgen sitzen deshalb Schwester Consolate, Josianne, die Jüngste in der Runde, und der junge Ildéphonse, zwei Laienmitglieder rund um den niedrigen Tisch auf der Terrasse. An diesem Tag ist auch noch Père François, der Prior der Brüder, mit dabei. Und auch Emmanuel, der seine Geschichte schon erzählt hat, möchte zuhören und wird sich immer wieder ins Gespräch einschalten. Sie alle erzählen vor allem Geschichten, die deutlich machen, was das Versprechen, Versöhnung zu leben, in ihrem eigenen Leben bedeutet. Die zwei Frauen erzählen Geschichten, die erst besonders viele Fragen für mich aufwerfen, doch am Ende alle am Tisch in eine so grundsätzliche wie äußerst leidenschaftliche Debatte darüber verwickeln, wie die Mitglieder des Werkes Versöhnung in ihre Familien tragen.

Den Anfang macht Schwester Consolate. Sie ist eine sehr zierliche, sehr emsige Frau, immer bereit aufzuspringen. Consolate spricht so leise, dass ich mein Aufnahmegerät bis zum Anschlag aufdrehen muss und das Lautstärkesignal im Display immer nur gerade so eben ausschlägt: „Ich bin im Werk wegen all dem, was in meiner Familie passiert ist," beginnt sie. „Dieu qui aide à mettre à vie, ‚Gott hilft, Leben in die Welt zu bringen', heißt mein afrikanischer Name übersetzt. Meine Mutter ist jung gestorben. Schon 1996, sie war gerade 41 und ich 19 Jahre alt. Wir waren sechs Kinder, ich bin die Viertälteste. Meine große Schwester kümmerte sich nach dem Tod um uns. Leider ist sie dieses Jahr am 21. Mai verstorben. Mein Vater war ein Bauer und hat es wie die Kuh gemacht." Ich schaue fragend umher. Wie die Kuh gemacht? Die anderen am Tisch lachen und beeilen sich zu erklären: „Das sagt man bei uns so. Die Kuh bringt das Kalb zur Welt, doch der Bauer hat die ganze Arbeit." Consolate erläutert: „Mein Vater hat sich um nichts gekümmert. Er war ein Trinker. Essen, Bekleidung, Medizin – um nichts, gar nichts hat er sich gekümmert. Deswegen wollte ich mich mit meiner Familie und mir selbst versöhnen. In den Familien, in allen Familien, ist so viel Leid. Wenn die Familien in Gewalt leben, dann erzeugen die Eltern Gewalt unter den Kindern, dann geben sie die Gewalt an die Kinder weiter." „Gab es denn auch Gewalt in deiner Familie?", frage ich sie. Scheu und verwundert erwidert Consolate meine Frage mit einem Blick. Dann sagt sie: „Natürlich. Ja. Ja, die gab es. Das ist für uns Kinder aber völlig normal gewesen. Mein Vater nahm sich eine zweite Frau und bekam weitere Kinder mit ihr. Diese Kinder liebte mein Vater über alle Maßen. Weit mehr als mich und meine Geschwister aus erster Ehe. Aber ich habe meinem Vater verziehen." Jetzt bin ich die Überraschte. Das Verzeihen kommt immer so schnell in den Erzählungen. Und obwohl ich eigentlich „Wie denn?" fragen will, frage ich stattdessen verblüfft: „Warum?" „Weil ich gesehen habe, wie sehr die neuen Kinder unseren Vater liebten. Und wenn meine Halbgeschwister in ihm einen so tollen Menschen sahen, war er schließlich auch mein toller Vater. Ich habe mich mit ihm versöhnt. Ich habe ihm verziehen. Jetzt liebe ich ihn. Ich liebe nicht, was er gemacht hat. Nur ihn."

Schwester Consolate lernte das Werk 2003 kennen. Und wie so viele andere lernte sie es über Madame Béatrice kennen. „Madame Béatrice kam aus meiner Gegend und machte mich mit dem Werk bekannt. Sie brachte mir bei, was Versöhnung und Verzeihung ist. 2006 legte ich die ersten Gelübde ab. Aber vorher bat ich meinen Vater um Verzeihung. Ich musste mich mit meinem Vater versöhnen, weil ich ihn für sein schlechtes Verhalten verachtet hatte. Das ist eine Sünde. Wir lernen in unserem Werk, dass das Opfer den ersten Schritt macht, auf den Täter zugeht. Weil er derjenige ist, der die erste Möglichkeit hat zu verzeihen. Das steht auch in der Bibel, Genesis Kapitel 3, Vers 8 u. 9. Da geht es um Adam, der sich versteckt. Aber es ist nicht Adam, der zu Gott geht, nein, es ist Gott, der den ersten Schritt macht. ‚Wo bist du?', fragte er Adam. Darum geht es.

Oder auch um Jesus, der am Kreuz sagt: ‚Vergib ihnen, denn sie wissen nicht, was sie tun.'[32]"

Moment, das hier geht mir wirklich zu schnell! Consolate erzählt mir das alles mit ihrer leisen Stimme quasi wie am Schnürchen. Ich komme gar nicht dazwischen. Aber ich muss dazwischen kommen, wenn ich verstehen will, was sie sagt. Also, ich unterbreche sie ein bisschen unhöflich, hatte ich das richtig verstanden: Ihr Vater hat getrunken, die Kinder der ersten Frau vernachlässigt, die der zweiten bevorzugt, und Consolate, das Opfer, bittet ihren Vater, den Täter, um Verzeihung? Ja, habe ich. Wie verwunderlich! „Aber das ist unser Glaube", erklärt Consolate. Ja, ja, genauso sei es, bekräftigen alle am Tisch. Und alle nicken sie. Emmanuel verschärft das Gesagte: „Es geht auch gar nicht nur um den ersten Schritt", das Opfer müsse sich auch erniedrigen. Emmanuel gebraucht das französische Wort „s'humilier", das tatsächlich heißt, „sich erniedrigen". Ich bin irritiert, mindestens aber verunsichert. Deswegen fasse ich die Geschichte von Consolate ein weiteres Mal zusammen und biete als Hypothese an, ob es vielleicht um einen kulturellen Unterschied gehen könne, den ich nicht verstünde? Dass ein Opfer den ersten Schritt auf den Täter zugeht – das ist in unserer Kultur zwar nicht wirklich gang und gäbe, oder passiert nur sehr selten, aber mir leuchtet ein, dass man auf diese Idee kommen kann. Aber, sich als Opfer beim Täter zu entschuldigen? Sich als Opfer zu erniedrigen, um den Täter um Vergebung bitten zu können? Wofür? Je länger ich über das Gesagte nachdenke, desto weniger bin ich verwirrt, sondern eigentlich empört. Das merken die

---

32 Lukas 23, 34 LUT.

anderen am Tisch natürlich. Die Frage nach der Kultur ist zwar echt, aber ehrlicherweise genauso sehr ein etwas hilfloser Versuch, die Schärfe aus der Debatte herauszunehmen. Was nicht gelingt, aber hilft, die Positionen zu benennen. Père François, der ja selbst lange in Europa gelebt hat und beide Kulturen, die afrikanische und die europäische kennt, stellt klar: „Nein, das ist nicht kulturell begründet. Im Gegenteil, das, genau das ist der ureigene Teil, den Monseigneur zum Werk beiträgt. Das bringt er uns bei. Er bringt uns bei, was der Kirchenvater Augustinus lehrte." Mehrere am Tisch zitieren Augustinus mit: „quémander, quémander, quémander, jusqu'à ce que l'autre puisse se convertir", was ich mit: „flehen, flehen oder betteln, betteln, bis der andere sich bekehren kann" übersetzen würde. Flehen, bitten, betteln, sich erniedrigen… ungeschützt und vielleicht unhöflich direkt erwidere ich, dass die Erklärungen es eher schlimmer als besser für mich machten. Aber hier geht es um den Kern, um das Herz des Versöhnungsprozesses. Und ich gerate in einen Konflikt: Einerseits will und werde ich nur nach Europa tragen, was die Menschen, die diese Versöhnungsarbeit leisten und die mich klein und demütig werden lassen, darstellen und vertreten. Andererseits sträubt sich in mir alles, etwas aufzuschreiben, was ich so gar nicht unterschreiben kann.

„Dilige et quod vis facis" – „Liebe und tue, was du willst."

AUGUSTINUS

Als ich später bei einem meiner Treffen mit dem Bischof in Deutschland von dieser Passage der Gespräche in Kigali und meinem Konflikt dazu erzähle, schüttelt dieser heftig den Kopf. Nein, nein, bei Augustinus heiße es nicht „quémander",

„betteln", stellt er klar, sondern „aimer", also „lieben". Man solle lieben. Lieben, bis der andere sich bekehren, lieben, bis der andere bereuen, bis er seinen Teil der Wahrheit eingestehen kann. *Das* kann ich verstehen und damit kann sich mein Herz, das seit der leidenschaftlichen Schilderungen in Kigali an dieser Stelle immer ein bisschen krampfte, entspannen.

Aber noch sitze ich am Tisch in Kigali und die anderen geben nicht auf, mir ihre Sicht der Versöhnung nahezubringen. Leidenschaftlich kämpfen wir an diesem heißen, drückenden Nachmittag darum, uns gegenseitig zu verstehen. Père François versucht es erneut mit einem Bild: „Beim Versöhnungsprozess ist es wie bei kommunizierenden Röhren. Damit das Wasser auf der einen Seite steigen kann, muss die andere Seite absinken, sich herunterlassen." Er macht auf den französischen Wortstamm von „s'humilier" aufmerksam: „In ‚s'humilier' (sich erniedrigen) steckt das lateinische Wort ‚humus', was so viel bedeutet wie Erde, Erdboden, Boden. Es geht um die Bedeutung von Fruchtbarkeit, die mitschwingt." „Fein", sage ich. Und will wissen: „Was aber bedeutet das konkret?" Um den Punkt zu finden, versuche ich es mal drastisch-platt: „Nehmen wir einen Taschendieb, der mir am Bahnhof mein Portemonnaie stiehlt. Soll ich da etwa sagen: ‚Lieber Dieb, ich bitte dich um Verzeihung, dass du mir mein Geld gestohlen hast?'" Père François antwortet: „Was ich sagen würde, ist: ‚Mein lieber Freund, wie kann ich dir helfen aufzuhören, als Dieb in der Welt zu sein? Wenn du weitermachst, wird man dich ins Gefängnis bringen. Wie kann ich dir helfen, diese schlechte Gewohnheit aufzugeben?'" Und dann fällt Père François noch ein Bild ein, um zu verdeutlichen, wie das mit dem Erniedrigen gemeint sei: „Weißt du, es ist so, wie wenn jemand ertrinkt. Da schaut man ja auch nicht zu, sondern springt in den See und taucht so tief wie möglich, um ihn zu retten."

Die anderen in der Runde hören mit großer innerer Beteiligung zu, drängen danach, sich mit ihren Erfahrungen einzubringen. Sowohl Ildéphonse als auch Josianne sind den Weg so gegangen, wie Bischof Simon ihn vorschlägt, haben sich in ihrem Versöhnungsprozess bei dem entschuldigt, der sich ihnen gegenüber verletzend verhalten hat. Bei Ildéphonse handelt es sich um den Vater, bei Josianne um den älteren Bruder. Ildéphonse macht den Anfang: „Mein Vater wollte, dass ich die Felder bestelle, statt zur weiterführenden Schule zu gehen. Wenn ich seinem Wunsch gefolgt wäre, dann nur wegen des vierten Gebotes[33], nicht weil ich es einsah: Wie sollte ich mich ohne Schulbildung aufs Leben vorbereiten? Aber mein Vater wollte die Schule nicht mehr bezahlen. Mein Onkel, der sehr weit entfernt wohnte, wollte dem nicht tatenlos zusehen und bot an, mein Schulgeld zu übernehmen. Das war eine unglaublich tolle Geste meines Onkels und eine Möglichkeit, die ich mir nicht nehmen lassen wollte. Aber die Entscheidung fiel mir schwer: Zum einen bedeutete es, die Strecke von 245 Kilometern ins weit entfernte Dorf meines Onkels zu Fuß zurückzulegen, Geld hatte ich keines, niemals hätte mein Vater mir welches gegeben. Zum anderen verfluchte mein Vater mich dafür, dass ich ihn verlassen wollte. Er schrieb mir in einem Brief, dass ich nicht mehr sein Kind sei. Für den Fall, dass ich wirklich wegginge, sei ich verflucht. Dennoch ging ich los. Lieber wollte ich sterben, als hierzubleiben und mein Leben zu vergeuden. Im ersten Jahr bei meinem Onkel schrieb ich meinem Vater immer und immer wieder Briefe, in denen ich

---

33 Das vierte der Zehn Gebote lautet: „Du sollst Vater und Mutter ehren".

ihm erklärte, dass ich immer noch sein Kind sei und ihn respektierte. Aber er wollte mich nicht verstehen. Trotzdem sagte mein Onkel kurz vor den großen Ferien im Sommer zu mir: ‚Hab keine Angst. Geh in den Ferien nach Hause. Wenn er dich empfängt, ist gut, wenn nicht, ist es auch gut.' Mein Vater empfing mich nicht! Obwohl ich die weite Strecke extra zu Fuß gelaufen war, um ihn zu sehen. Er empfing mich auch nicht in den Ferien nach der siebten Klasse. Einen kleinen Fortschritt machten wir jedoch, als ich ihn nach der achten Klasse besuchte und er mir sagte, er würde mich wieder als seinen Sohn anerkennen, wenn ich die zehnte Klasse schaffen würde. Empfangen wollte er mich aber auch dann nicht, er gab mir nichts zu essen, ich durfte nicht bei ihm schlafen, er gab mir kein Geld für den Bus und für Schulhefte sowieso nicht. Dann kam das Jahr, in dem ich mit Monseigneur in Gitega in Kontakt kam. Mein Vater lebte in Bujumbura in großem Elend, er war sehr krank, er hatte Parkinson und ich wollte ihm helfen. Also besuchte ich ihn in der Hauptstadt und erzählte ihm von meinem Leben: ‚Mir geht es gut, ich unterrichte, ich habe Geld.' Alles, was er sagte, war: ‚Geh mir ein Bier holen.' Und das tat ich. Bei meinem Besuch am nächsten Tag, sagte er dasselbe. Immerhin sprach er wieder mit mir. Langsam, ganz langsam näherten wir uns an. Dann fing er an, mir seine Medikamentenrezepte zu schicken. Ich kümmerte mich sofort darum. Eines Tages verriet mir ein Verwandter, dass mein Vater mir ein Stück Land schenken wolle. Diese Geste bedeutete mir sehr viel. Schließlich hatte er so viele Jahre betont, dass ich nicht mehr sein Sohn sei. Beim nächsten Besuch brachte ich ihm zwei Kästen Bier mit und sagte: ‚Du hast mir das Leben gegeben, ich will unbedingt Danke sagen.' Als ich das tat, war ich ungefähr 23 Jahre alt. So habe ich ihn um Verzeihung gebeten, ganz ohne die Worte auszusprechen."

Was ich glaube zu verstehen: Das große Ziel ist wichtiger als die Befindlichkeit, die Verletzung des Opfers. Das große Ziel ist die Versöhnung, ist, dass alle Beteiligten würdevoll und in Frieden miteinander leben können. Wenn sich dafür einer kleinmachen muss, indem er um Verzeihung bittet, obwohl der andere der Täter ist, dann ist das eben so. Das Ziel zählt. Es zählt, ob das Leben *trotz* aller Gewalt und aller Gräuel noch mal lebenswert werden kann. Ob es ein Leben geben kann, das sich zu leben lohnt. Eines, das den Namen Leben verdient und nicht nur Schmerz und Leid, Qual und Angst, innere Kälte und schlimme Erinnerungen bedeutet. Das nicht davon bestimmt ist, den Tätern ausweichen zu müssen und die eigenen Tränen nicht weinen zu können, sondern auch Liebe und Freude zulässt.

In der Geschichte von Josianne wird diese Haltung noch deutlicher. Hier geht es um den großen Bruder, der Josianne nach der Ermordung ihrer Eltern durch die Tutsi bei sich aufnahm. Widerwillig, nur weil die Sitten es vom unverheirateten Bruder forderten, hatte Josiannes Bruder sie aufgenommen. Und als das kleine Mädchen von einem Nachbarn vergewaltigt wurde, hat ihr unterdessen verheirateter Bruder sich dem Willen seiner Frau gebeugt und Josianne verstoßen: „Mein Onkel hatte verfügt, dass der große Bruder als Ältester zuständig war und sich um uns kleinere Kinder kümmern musste. Mein Bruder akzeptierte das. Ich wohnte bei ihm von der sechsten bis zur achten Klasse. In der Zwischenzeit heiratete er und fand eine Arbeit. Seine Frau war nicht damit einverstanden, dass er Schulgeld für mich ausgab, denn das Geld fehlte dann, um Essen zu kaufen. Also gab ich nach der achten Klasse die Schule auf. Als ich schwanger wurde, weil einer der Nachbarn sich an mir vergangen hatte, verlangte meine Schwägerin, dass ich verjagt werden solle. Sie stellte meinen Bruder vor die Wahl: sie oder ich. Er versuchte, sie noch zu überzeugen. Weil ich noch so jung war, schlug er vor, ich solle das Baby abtreiben. Aber meine Patin, eine Schwester meiner Mutter, widersprach ihm, eine Abtreibung sei ein zu großes Risiko. Daraufhin sagten mein Bruder und seine Frau, dass meine Patin sich um mich kümmern solle, wenn sie die Abtreibung nicht zulassen wolle. Die nächsten eineinhalb Jahre lebte ich also bei meiner Tante, die mich wie eine Mutter aufnahm. Dort brachte ich mein Kind zur Welt, ein 3800 Gramm schweres Baby. Da ich in der Schwangerschaft kaum etwas essen konnte, war es ein Wunder, ein so gesundes Kind auf die Welt zu bringen." Vorsichtig frage ich Josianne nach dem Vater des Kindes und sie beginnt stockend zu erzählen: „Das war so: Ich war in meinem Zimmer, und die Frau, die bei uns sauber machte, kam zu mir. Sie sagte, da sei jemand, der mich sprechen wolle. Also ging ich in den Salon des Hauses – und da war ein Mann, den ich aus dem Viertel kannte. Er forderte mich auf, ins Schlafzimmer zu gehen, aber ich wollte nicht, weigerte mich. Da zwang er mich. Natürlich hatte ich zuvor noch keine sexuelle Beziehung gehabt und auch danach nicht. Aber ich traute mich nicht, jemandem von der Vergewaltigung zu erzählen. Stattdessen weinte ich immer und immer wieder. Meine Schwägerin fragte mich zwar einige Male, warum ich so viel weinen würde, aber ich konnte es ihr nicht erzählen. Irgendwann vertraute ich mich der Cousine meiner Mutter an, die es wiederum meinem Bruder erzählte.

Meine Tochter Irène ist jetzt 16 Jahre alt, sie ist im neunten Schuljahr." „Wie ist Bischof Simon in dein Leben gekommen?", frage ich sie. „Ich habe noch drei weitere Brüder, einer von ihnen steht mir sehr nah. Und er kannte Monseigneur, kannte das Versöhnungswerk. Er wusste, dass dort Waisenkinder aufgenommen wurden und bemühte sich darum, dass ich ihn treffen konnte. Damals musste man eigentlich fünf Monate auf einen Termin warten, aber er erzählte Godelive die ganze Geschichte und bat darum, dass Monseigneur uns beide aufnähme, damit ich weiter in die Schule gehen könne und das Baby seine Mama hätte. Ein Jahr und neun Monate war Irène damals alt, als wir im Versöhnungswerk aufgenommen wurden. Godelive und Adèle sind seitdem Mütter für mich geworden und ich konnte wieder zur Schule gehen. Nach der zehnten Klasse ging ich auf ein Internat, denn in Gitega gab es keine Schule für mich. Irène war zu dem Zeitpunkt erst drei Jahre alt, und es fiel mir schwer, sie zurückzulassen. Aber ich wusste, dass es ihr an nichts fehlen würde. Sie war in der Gemeinschaft so umgeben von Liebe. Ich kam jedes Wochenende zurück, um meine Tochter zu sehen, die anderen Kinder waren fast alle Vollwaisen. Ich liebte sie alle, sie nannten mich alle Maman Josianne. Gleichzeitig hatte ich gute Noten, war Klassenbeste. Später hat das Werk sogar für Irène die Schulkosten bezahlt. Nach dem Abitur ging ich noch drei Jahre zur Uni, um Buchhaltung zu studieren. Um dies zu bezahlen, musste ich einen teuren Kredit aufnehmen. Doch die Mühe hat sich gelohnt." Und wie hat Josianne sich mit den Menschen, die ihr all das Leid zugemutet hatten, versöhnt? „Ich wusste und habe im Werk gelernt: Du musst zu deinem Bruder gehen. Man muss verzeihen, damit das Leben weitergehen kann. Und im Leben muss man lieben. Am Anfang war es schwierig, aber dann verstand ich es. Sie akzeptierten mich im Werk, sie taten alles für mich und das, obwohl ich verstoßen worden war. Sie hätten ja auch sagen können, dass es ihnen zu viel sei und sie sich nicht auch noch um mich und meine Tochter kümmern könnten, aber das haben sie nicht getan. Sie haben sich um mich gekümmert wie Eltern, wie Papa und Mama. Und weil die Mitglieder des Versöhnungswerks mir auf diese Weise begegneten – und auch den vielen anderen Witwen und Waisen –, verstand ich es: Um mit den anderen zu leben, muss man jeden Tag verzeihen. Muss man das Herz größer machen, nicht nur die eigene Ethnie sehen. Als mein Kind zwei Jahre alt war, ging ich also erstmals wieder zu meinem großen Bruder. Ich war sehr aufgeregt, hatte Angst davor, wie er auf meinen Besuch reagieren würde. Doch meine Sorge war unbegründet. Er begrüßte mich, bot mir sogar etwas zu trinken an und erkundigte sich nach Irène. Er konnte nicht verstehen, warum ich im Waisenhaus war, warum sie mich dort aufgenommen haben. Vor allem, weil er bislang nur Schlechtes über Monsigneur gehört hatte. Im Waisenheim haben wir viel über diese Begegnung geredet und ich lernte, dass ich keinen Groll hegen soll. So bin ich sicher sechs Mal zu meinem Bruder gegangen. Das zweite Mal war nach der Messe, ich begrüßte ihn mit meiner Kleinen auf dem Arm und blieb zwanzig Minuten bei ihm. Er sah, dass es mir gut ging, ich wohlgenährt war. Als ich nach dem Treffen ins Waisenhaus zurückkam merkte ich, dass aller Groll verflogen war. Heute habe ich eine gute Beziehung zu meinem großen Bruder, ich kann zu ihm gehen, kann ihn grüßen, kann mit ihm zusammen sein. Ich kann sogar zu Familientreffen gehen."

„Und wie erging es dir mit der Schwägerin?", bohrte ich vorsichtig nach. Sie war ja der eigentliche Grund, warum Josianne aus dem Haus gejagt wurde, sie hatte den Bruder vor die Alternative gestellt, sich für seine vergewaltigte schwangere Schwester oder seine Ehefrau zu entscheiden. „Ich habe auch ihr verziehen. Bei der ersten Begegnung war sie es, die große Angst hatte. Wenn ich zu Besuch kam, versteckte sie sich immer im Schlafzimmer. Als sie später krank wurde, bat ich darum, sie im Krankenhaus besuchen zu dürfen. Weil sie sich einsam fühlte, blieb ich einen ganzen Tag bei ihr. Dass ich, die sie so böse behandelt hatte, ihr meine Zeit schenkte, verblüffte sie. Am Ende bedankte sie sich bei mir und sagte: ‚Que dieu vous bénisse‘ (‚Möge Gott dich segnen‘).“ „Ist es dir nicht schwergefallen, ihr zu verzeihen?“, frage ich. Und sie antwortet: „Die ersten zwei Jahre konnte ich ihr nicht verzeihen, aber als ich gehört habe, dass sie krank ist, hat sie mir leidgetan. Deshalb besuchte ich sie damals auch im Krankenhaus. Heute können wir ganz normal miteinander sprechen. Wenn es ein Fest gibt, gehe ich zu ihnen. Am Tag meines Diploms feierten sie und mein Bruder mit mir. Auch Irène hat mittlerweile mit allen Beteiligten gesprochen. Jetzt suche ich Arbeit, aber das ist fast unmöglich, solange ich nicht Mitglied der Regierungspartei bin, und das will ich nicht werden. Also suche ich weiter und bleibe weiter bei den Waisenkindern, um mit ihnen zu spielen, sie zu pflegen, zu waschen, ihre Sachen aufzuräumen, lauter kleine Dinge. Irène kümmert sich auch um die Kinder.“ Hat Josianne selbst auch einen Traum, will ich als letztes von ihr wissen. „Ich träume von einer Familie. Aber die Frage wird sein, ob ich einen Mann finde, der auch mein Kind lieben kann.“

„Es gibt leider so gut wie keine Männer, die sich auf eine Frau mit einem unehelichen Kind einlassen“, kommentiert der Bischof traurig Josiannes Traum. Ich schlucke. Das bedeutet, sie hat ein abgeschlossenes Studium, aber das falsche Parteibuch, um Arbeit zu finden. Und wegen ihrer Vergewaltigung als Teenager kann sie keine Familie gründen. Wie hart die Spielregeln für Josiannes Leben in Burundi sind!

In den Geschichten von Josianne, Schwester Consolate und Ildéphonse wird deutlich, wie das Werk arbeitet. Da ist zuerst die Fürsorge, das ganz handfeste, praktische Sorgen für die Menschen, vor allem für die Witwen und die Waisenkinder. Die Zentren für die Waisenkinder sind dabei besonders wichtig: Seit

1999 hat sich das Werk um fast zehntausend Kinder gekümmert, sie mit Essen, Kleidung und Bildung unterstützt. Allerdings kommen die Kinder nicht, um zu bleiben, sondern nur, um gesund zu werden. Dann sucht das Werk Pflegefamilien für sie. Ein Heim kann keine Familienerziehung leisten, ist die Überzeugung. Weil aber die Pflegefamilien in der Regel arm sind, unterstützt das Werk sie mit Schulheften, Kleidung und Medizin. Zudem kümmern sich die Menschen aus dem Werk um Gefangene. Zudem verpflichtet sich jeder, Versöhnung im eigenen Leben zu praktizieren. Nach den Gesprächen habe ich dennoch viele Fragen an Bischof Simon. Weniger zu der Versöhnung an sich, in der die Liebe zu den Menschen sich in praktischer Hilfe und Unterstützung manifestiert. Wohl aber zu den vielen Dingen, von denen die Mitglieder immer wieder betonen, man *müsse* sie tun, wolle man Versöhnung praktizieren.

Ganz obenauf liegt meine Frage danach, warum das Opfer nicht nur den ersten Schritt machen, sondern auch noch so weit wie möglich dem Täter entgegengehen solle. Zwar hatte ich mit ihm schon bei seinem letzten Besuch in Deutschland darüber gesprochen, wie er Augustinus in diesem Zusammenhang verstehe. Aber das Thema ließ mich trotzdem noch nicht los. Ich erzählte ihm, was die anderen erzählt und wie sie argumentiert haben. „Das Bild, den Täter wie einen Ertrinkenden anzusehen, dem man mit der Versöhnung einen Rettungsring zuwirft, dieses Bild bewegt mich", sagt er bei unserem nächsten Gespräch. Und ja, das Opfer mache den ersten Schritt. Es sei genau so, wie Schwester Consolate es erläutert habe, Gott sei in der Schöpfungsgeschichte den ersten Schritt gegangen. „‚Mensch, wo bist du‘, hat Gott gesagt. Er hat nicht gewartet, bis Adam trotz seiner Scham, seiner Einsamkeit und seiner Verzweiflung zu ihm kam. Er ist

Adam suchen gegangen. Und so wollen wir nach Gottes Vorbild auch den ersten Schritt machen."

Aber „muss" man wirklich als Opfer den ersten Schritt gehen? Das klingt nach so viel Zwang! Dass alle am Tisch gesagt haben, das Opfer müsse immer den ersten Schritt gehen, irritiert mich sehr und widerspricht so ziemlich allem, was ich aus meiner Arbeit, den Gesprächen mit Psychologen, der populären Literatur zu dem Thema kenne. Der Bischof ist grundsätzlich einverstanden mit dem, was seine Mitarbeiter sagen, aber er ergänzt ihre Aussagen: „Nein, das Opfer muss nicht *automatisch* den ersten Schritt gehen, nicht immer macht das Sinn. Bei mir war das zum Beispiel bei den Mördern meines kleinen Bruders anders. Es machte wenig Sinn, auf die Mörder von Laurent zuzugehen und Kontakt zu ihnen aufzunehmen. In solchen Fällen praktiziere ich Versöhnung, indem ich jemandem aus der Familie des Täters etwas Gutes tue." Überhaupt sei es eine gute Strategie, dem Täter und/oder seiner Familie Gutes zu tun, so wie Josianne es mit ihrer Schwägerin gemacht habe, als diese im Krankenhaus lag. Das sei, wie glühende Kohlen auf dem Haupt des anderen zu sammeln, sagt Bischof Simon noch, bevor sein Besuch bei uns wieder zu Ende geht. (Für dieses Buch kommt er mehrmals für kurze Zeit nach Deutschland. Wir müssen uns treffen, um am Manuskript zu arbeiten. Alle elektronische Kommunikation des Bischofs wird überwacht, aber natürlich wollen wir ihn nicht noch mehr gefährden. Also treffen wir uns persönlich, so gut das eben geht und sich zum Beispiel mit Terminen, die er in Rom wahrnehmen muss, verbinden lässt. In der Zeit zwischen unseren Besuchen arbeite ich unsere Gespräche nach und bereite die neuen vor.) Der Ausdruck „glühende Kohlen auf das Haupt des Täters sammeln", den der Bischof gebraucht hat, um die Versöhnungsarbeit zu beschreiben, geht mir nach. Was ist mit diesem, mir so fremden Bild nur gemeint? Mit Dr. Google mache ich mich auf die Suche, lerne, dass es sich um eine Redensart handelt, und finde die leicht verschiedenen Varianten: „Feurige Kohlen auf jemandes Haupt sammeln" und: „Jemanden durch Freundlichkeit beschämen". Dass die Redensart auf die Bibel zurückgeht[34], hätte mich nicht wundern sollen. Der Originalvers stammt aus der Weisheitsliteratur des Alten Testamentes und steht in den Sprüchen Salomos: „Hat dein Feind Hunger, so speise ihn mit Brot; hat er Durst, so gib ihm Wasser zu trinken! Denn damit sammelst du feurige Kohlen auf sein Haupt, und der Herr wird es dir vergelten."[35]

Die feurigen Kohlen, lerne ich, könnten brennen wie die Scham über das Unrecht, das der Täter dem Opfer angetan hat. Ich versuche, mir den inneren Vorgang eines Täters vorzustellen, der ausgerechnet von seinem Opfer ausgesucht freundlich behandelt wird. Eine Idee, die ich aus unserem Verhaltensrepertoire, unserer angelernten Reaktion auf Verletzungen und Kränkungen, nicht kenne. Im Gegenteil, was für eine abwegige Vorstellung, demjenigen Gutes zu tun, der uns schlimm verletzt hat! Wir wünschen uns doch, dass der Täter sieht, was er angerichtet hat, unsere Verletzung versteht, sich erklärt, sich entschuldigt, und hoffen darauf, dass er den Schaden „wiedergutmacht". Ich merke, dass ich einen solchen Gedanken wie den, durch gute Taten, das Herz des Täters aufzuweichen, nur dann überhaupt denken kann, wenn ich für einen Moment aus unserer westlichen, so

---

34 https://de.wiktionary.org/wiki/feurige_Kohlen_auf_jemandes_Haupt_sammeln, zuletzt abgerufen am 13.11.2017.
35 Salomo, Sprüche 25, 21-22, Schlachterbibel.

180

individualisierten Sicht auf die Welt aussteige und mich auf die Ubuntu-Sicht auf die Welt einlasse. Ubuntu als ein Gefühl, als eine Vorstellung von Menschlichkeit, die jeden von uns umfasst, eine, in die wir alle aufgenommen sind. Und, das ist das Entscheidende, diese Menschlichkeit als Ganzes nimmt Schaden, wenn irgendeines ihrer Mitglieder in seiner Würde beschädigt ist, genauer, sich selbst durch seine Tat beschädigt hat. Wieder ist das Individuum weniger wichtig als das Ganze. Und ja, wenn ich mir vorstelle, jemand, zu dem ich hartherzig, ungeduldig gewesen bin, dem ich Unrecht getan habe, wäre ausgesucht freundlich zu mir, dann ist Scham ein naheliegendes Gefühl. Noch mehr Scham, um genau zu sein, als ich sowieso empfinde, denn eigentlich weiß ich doch immer ganz genau, dass und wann ich ein Stück Menschlichkeit in einer Beziehung verraten habe. Wie viel größer aber muss die Scham sein, wenn ausgerechnet der, dessen Menschlichkeit ich beschädigt habe, mir Gutes tut? Wie in der Geschichte von Josianne. Es war ihre hartherzige Schwägerin, die den Wohnraum nicht mit der kleinen, durch eine Vergewaltigung schwanger gewordenen Schwester ihres Mannes teilen wollte. Erst recht nicht mit einem Baby. Die Schwägerin setzt sich durch, Josianne muss, sechzehnjährig und schwanger, das Haus verlassen. Lange kann Josianne ihr nicht verzeihen. Aber dann hört sie, dass die Schwägerin im Krankenhaus liegt, sie hat Mitgefühl, geht sie besuchen, bringt ihr zu essen, pflegt sie. Die Schwägerin kann kaum glauben, dass es Josianne, ausgerechnet Josianne, zu der sie so grausam war, ist, die sich liebevoll kümmert. Ja, so betrachtet macht der Spruch aus dem Buch der Weisheit viel Sinn. Jede liebevolle Geste von Josianne, die aufrichtig und nicht berechnend mit der Schwägerin fühlt, ihr gibt, was sie braucht, um gesund zu werden, ist wie eine „feurige Kohle", beschämt die Schwägerin, die diese feurige Kohle auf ihrem Haupt sammelt und dabei das brennende Feuer, ihre brennende Scham fühlt. Und vielleicht entfacht die Scham ja so viel Hitze, dass ihr hartes Herz schmilzt. Am Ende jedenfalls bedankt die Schwägerin sich bei Josianne und die beiden schlagen ein neues Kapitel in ihrer Beziehung auf. Ich finde das groß, mich beeindruckt das.

Als Bischof Simon das nächste Mal zu Besuch kommt, erzähle ich ihm von meiner kleinen Recherche und meinen Hypothesen darüber. Er lächelt wissend und ein bisschen geheimnisvoll: „Ja, Überraschungen können schon mal passieren, wenn man sich auf den Versöhnungsweg macht." Ich verstehe den Gedanken dahinter mittlerweile: Das Gutsein zum Täter oder seiner Familie ist eine weitere Art, dem Täter den Rettungsring hinzuwerfen und ihn nicht ertrinken zu lassen. Wenn ich die Ubuntu-Sicht auf die Welt richtig verstehe, ist dieser Gedanke übrigens nicht nur selbstlos – denn wenn der andere ertrinkt, wir aber alle verbunden sind, dann ertrinke ich ja gleich mit, wenn ich den Täter untergehen lasse! Was für eine verblüffende, interessante Option! Während ich sie weiterdenke, frage ich mich, ob wir anderen vielleicht kollektiv einen kapitalen Denkfehler machen. Ich kenne Menschen, die Jahrzehnte ihres Lebens darauf warten, dass ein Täter ein an ihnen begangenes Unrecht endlich eingesteht, ja, ich kenne Menschen, die ihr ganzes Leben lang vergeblich auf ein solches Zeichen gewartet haben. Sie harren so lange in der Hoffnung aus, dass ein solches Zeichen den Weg zu einer warmen, neuen Beziehung zwischen Täter und Opfer ebne. Dieses Warten auf ein Zeichen des Täters ist besonders schmerzlich, wenn es sich um die engste Familie, Eltern, Kinder oder Geschwister handelt. Aber was, das wäre dann der Denkfehler, wenn der Täter nicht zu einem solchen Zeichen fähig, die Aufgabe schlicht zu schwer ist? Weil der Täter ja tatsächlich nicht nur die Folgen der Tat, sondern auch die Verantwortung für das Geschehene trägt. Was wäre, wenn wir zu viel vom Täter erwarten – und uns durch die (zu) hohe Erwartung den Weg zurück in eine lebendige Beziehung selbst verbauen?

Während ich über diese Sicht von Täter und Opfer und uns allen als ein Ganzes nachdenke, kommen mir Emmanuel und Adèle in den Sinn. Adèle ist ein so fürchterlich geschundenes Opfer. Aber dass sie durch die Versöhnungsarbeit ein neues Leben gefunden hat, braucht sie mir nicht selbst zu erzählen: ihr Lachen, ihre strahlenden Augen, ihre aufmerksame Fürsorge erzählen es sowieso den ganzen Tag. Es kann Zufall sein, es kann der Persönlichkeit, es kann allem Möglichen geschuldet sein, aber es ist auffällig, wie anders Emmanuel wirkt. Um ihn schwebt eine graue Wolke, hager sitzt er da, er spricht mit Strenge und durchaus auch mit Bitterkeit. Wie gesagt, vielleicht ist es Zufall, aber vielleicht ist auch etwas Wahres an der These, dass das Opfer, das die Folgen der Tat bewältigen muss, es leichter hat als der Täter, der natürlich auch die Folgen seiner Tat trägt, aber zu den Folgen auch die Verantwortung für die Tat hat.

Über das, was die Menschen im Versöhnungswerk leben, gibt es keinen Flyer. Und auch keine Website, die ihre Arbeit dokumentiert und die handelnden Personen porträtiert. Es fällt mir schwer, mir die Arbeit vorzustellen. Und ich bin traurig darüber, dass die politischen Umstände mir einen Besuch vor Ort verwehren, aber so ist es, und so bin ich bei meiner Arbeit an diesem Buch auf meine Vorstellungskraft angewiesen und versuche, mit diesen engen Grenzen zu leben. Als ich mich schon mit dieser Situation abgefunden habe, erfahre ich kurz vor Weihnachten 2016, dass eine kleine Delegation aus dem kleinen Ort am Niederrhein, in dem ich mit meiner Familie wohne, im Februar 2017 nach Burundi reisen wird: Der Pfarrer, der seit Jahrzehnten in Burundi Projekte, vor allem ein Heim für körperbehinderte Jugendliche, unterstützt, und ein Arzt, der diese Jugendlichen über die Jahre in seinem Urlaub medizinisch versorgt. Die beiden beschließen, da die Lage vor Ort sich zumindest oberflächlich beruhigt hat und wir Europäer auch in der Regel als Person nichts zu fürchten haben, nach den Kindern und Jugendlichen zu sehen. Warum sollte ich mich ihnen nicht anschließen – und mir so doch ein eigenes Bild von der Versöhnungsarbeit vor Ort machen? Der Familienrat stimmt zu und so breche ich, vier Monate nach meinem ersten Besuch dort, schon wieder nach Afrika auf! Wieder habe ich nur eine gute Woche Zeit. Die ersten drei Tage ist Bischof Simon da und ich führe Gespräche mit ihm. Dann bleiben zweieinhalb Tage in Gitega, um die Arbeit in Augenschein zu nehmen.

Ich habe Glück: Ausgerechnet in der zweiten Wochenhälfte haben die Mitglieder des Werkes einen Ausflug zu den Batwa, dem nach den Hutus und Tutsis ältesten Volksstamm in Burundi, geplant. Die Batwa haben ein vergleichbares Ansehen wie die Roma in Europa. Sie haben kaum Zugang zu Bildung und sind die Ersten, die eine Hungersnot, wie sie herrscht, als ich in Burundi bin, trifft. Die Mitglieder des Versöhnungswerkes verstehen Versöhnung gesamtgesellschaftlich, denken sie für alle Menschen in Burundi. Versuchen, die Diskriminierung abzumildern, und organisieren, in Absprache mit einem lokalen Komitee der Batwa, zum Beispiel Ziegenprojekte. Am nächsten Tag werde ich dabei sein, wenn 80 Ziegen ein neues Zuhause bekommen. Das Geld dafür bringen die Mitglieder selbst auf oder sammeln Spenden. Weil die Hungersnot galoppierend um sich greift, ist auch eine Pick-up-Ladung Essen dabei. Die Novizinnen haben seit dem frühen Morgen Hunderte Plastikbeutel mit Reis, Bohnen und Palmöl abgefüllt. So verteilen wir Ziegen und Essen. Die Batwa bilden lange Schlangen, die Mütter zeigen mir Babys mit schrecklichen Wunden, die Kinder strecken mir ihre Hungerbäuche entgegen, und ein klapperdürrer alter Mann strahlt vor Freude: Nie wieder müsse er nun Hunger leiden, sagt er, als er seine Ziege in Empfang nimmt. Ich schlucke hart, weiß ich doch, dass sein „nie wieder" maximal drei Tage andauern kann. So lange wird das Essen, das ich ihm zur Ziege reiche, vorhalten.

Auf der Rückfahrt nach Gitega biegt Ildéphonse plötzlich links ab und wir fahren zwanzig lange Minuten über unbefestigte Wege durch dichte Bananenplantagen. Was passiert? Nun, Godelive hat sich spontan entschlossen, ihre Mutter zu besuchen. Sie hat so selten Gelegenheit dazu und ergreift diese beim Schopfe. Mir ist, als führen wir immer tiefer in eine verwunschene Anderswelt. Schließlich taucht mitten im „Busch" ein Haus auf. Hier lebt die betagte Mutter von Godelive. Ich erlebe ganz normales burundisches Leben und auch, was es heißt, im drittärmsten Land der Welt zu leben. Mir wird zum Beispiel voller Stolz die „Küche" gezeigt – ein kleiner gemauerter Raum im Hof, in dem ein Topf, der auf nichts als drei großen Steinen steht, vor sich hin köchelt. Fast komme ich mir wie auf Stippvisite in der Steinzeit vor. Ein junges Mädchen passt auf das Feuer auf. Alle im Haus werden später davon satt werden müssen.

Unerwartet bekomme ich so tatsächlich einen Einblick in das Leben und die Arbeit der Menschen, die mir in Kigali so offenherzig auf meine Fragen geantwortet haben: Adèle zeigt mir, wo sie mit ihren vielen Pflegekindern lebt, Godelive zeigt mir ein Waisenhaus und eine Vorschule. Eine halbe Stunde bleibt für das Leben der Priester und Brüder im Werk an einem ganz anderen Ort in Gitega. Staunend stehe ich in ihrem vor Früchten strotzenden Garten. Auf den Fahrten vom und zum Flughafen in der Hauptstadt müssen jeweils mehrere tausend Höhenmeter bis Gitega überwunden werden. Dabei kann ich kaum hinschauen, wie sich kleine Jungs unten an Lastwagen über den Hinterreifen oder an der Ladeklappe festhalten oder wie Fahrradfahrer mit einer Hand ihre hochgetürmten Lastenräder halten und sich mit der anderen an einen Lkw hängen. Rechts und links fliegen Felder und Plantagen, Ziegeleien und ab und zu ein Dorf vorbei. Durch was für ein wunderschönes Land eile ich in wenigen Tagen!

Und was ist mit meinem Vorhaben, einen Überblick über die Arbeit von Bischof Simon und seinen Mitarbeitern zu geben und die Dimension, die Wirkkraft und den Einfluss, die diese Arbeit auf so viele Menschen hatte und hat, aufzuzeigen? Wer bildet nun dieses Versöhnungswerk? Und was genau machen die Menschen?

Heute ist aus dem einstigen Zusammenschluss einer Handvoll Menschen um Bischof Simon, die Versöhnung leben wollten, ein Orden mit drei Zweigen geworden. Der Schwesternzweig unter der Oberin Godelive wächst rasant und hat im Moment über einhundert junge Schwestern und Novizinnen. Die jungen Frauen müssen keine Bedingungen wie in anderen Orden, beispielsweise ein abgeschlossenes Studium, erfüllen. Hier bekommen sie schulische und spirituelle Bildung. Die Brüder und Priester des männlichen Zweiges leben in einer Kommunität unter der Führung ihres Priors Père François am Rande Gitegas zusammen. Gemeinschaftlich erledigen sie an zwei Tagen in der Woche ihre Haus-, Feld- und Gartenarbeit (an einem solchen Tag habe ich sie besucht), die anderen Tage gehören dem Studium. Im dritten Zweig schließen sich die Laien, zurzeit sind es über einhundert Menschen, zusammen. Auch sie legen Gelübde ab, geloben, alles zu teilen, was sie haben, und ihr Leben der Versöhnungsarbeit zu widmen.

Diese Versöhnungsarbeit hat die verschiedensten Gesichter. Einerseits hat ihre Fürsorge drei Personengruppen im Fokus: die Witwen, die Waisen und die Gefangenen. Andererseits gehen die Mitglieder auch aktiv in die Gesellschaft, stellen ihre Versöhnungsarbeit, ihren Ansatz für Frieden in Burundi in Workshops und Vorträgen in Schulen, Universitäten und Pfarrgemeinden vor.

Schwester Godelive hat mir eines der drei Waisenhäuser des Werkes gezeigt. Sie führt mich über ein großes Gelände mit vielen gut durchdachten Gebäuden, Schlafhäusern für die Kinder, einer Küche, einem Mütterzentrum, in dem die Mütter lernen, ihre Kinder vor Mangelernährung zu schützen, einem Kindergarten, Speiseräumen, und zeigt mir eine eigene Grundschule. Lehrer und Kinder müssen mit einer Kreidetafel, einem halben Stück Kreide und Stühlen auskommen. Gelernt wird im Chor, alle sprechen im Chor nach, was der Lehrer an die Tafel schreibt. Ich weiß nicht, was mich mehr rührte: die Tatsache, dass ich lauter Waisenkindern gegenüberstand, die weniger als ärmlichen Mittel oder der Eifer und die Freude, mit denen die Knirpse bei der Sache waren! Angerührt hat mich auch ein leeres Arztzimmer, das darauf wartet, dass irgendwer in der Nähe oder aus der großen weiten Welt sich dieser Kinder erbarmt. Damit sich vielleicht doch mal ein europäischer Arzt hierher verirrt, gibt es extra neben dem Behandlungszimmer einen Wohnraum mit eigener Dusche ...[36]

In allen drei Waisenhäusern sind über die Jahre mehr als 8000 Kinder aufgefangen, gepäppelt, gepflegt und in Pflegefamilien

---

[36] Falls sich jemand angesprochen fühlen sollte: nur zu. Schwester Godelive hat eindringlich darum gebeten und die Autorin stellt gerne den Kontakt her! www.angela-krumpen.de

vermittelt worden. Anschließend unterstützt das Werk die Familien finanziell, damit sie es sich leisten können, die Kinder großzuziehen.

Die Witwen bekommen Hilfe, damit ihre Kinder genug zu essen haben, zum Arzt und in die Schule gehen können. Vielen Tausenden Witwen, die gesellschaftlich und vor allem wirtschaftlich in der Regel ganz auf sich gestellt sind, hat das Werk unter die Arme gegriffen. Zum Beispiel mit den Ziegenprojekten, von denen Ildéphonse mir in Kigali begeistert erzählt hatte. Eine Familie, die eine Ziege bekommt, bekommt Milch und Dung. Sie darf die Ziege behalten, verpflichtet sich aber, das erste Junge an eine andere Familie weiterzugeben. Oder aber mit der Speisung der Gefangenen. Gefangene bekommen in Burundi nur etwas zu essen, wenn jemand ihnen Essen bringt. Das Werk unterstützt hier, wo es nur kann. Wie bei Emmanuel bieten die Mitglieder des Werkes Gefangenen auch den Weg der Versöhnung für ihr eigenes Leben an. Versuchen, bei den Gefangenen Einsicht in und ein Bewusstsein für die furchtbaren Folgen ihrer Gräueltaten zu wecken – um diese Einsichten dann in konkreter Versöhnungsarbeit produktiv werden lassen zu können.

Bei der Arbeit in Pfarrgemeinden, Schulen und Universitäten gibt es viele Formen der Unterstützung, zum Beispiel Drei-Tages-Workshops. Hier werden die Menschen ermutigt, ihre Geschichte zu erzählen – und gemeinschaftlich wird überlegt, wie Versöhnung in jedem einzelnen Fall ganz konkret aussehen könnte.

Das Zusammenspiel von praktischer Fürsorge und seelischer und seelsorgerlicher Begleitung haben die Mitglieder des Werkes am eigenen Leibe erlebt – und mir eindrücklich in Kigali davon erzählt. Jede und jeder von ihnen weiß, wie sich Not und

Elend anfühlen. Und dass man nie vergessen kann, wenn jemand Fremdes sich dieser Not annimmt. Jede und jeder hat seine Erfahrungen damit. Und für jede und jeden hat das Werk seine ganz eigenen Herausforderungen.

Père François zum Beispiel freut sich in jenen Jahren der relativen Entspannung in Burundi über die graswurzelmäßig angestoßenen Versöhnungsprozesse in Schulen und Gemeinden im Land. Und besonders über die Diözesansynode 2007, die sich ganz dem Thema Versöhnung widmete. Aber sein Wunsch, Mitglied im Werk zu werden, birgt eine Überraschung, eigentlich sogar eine Zumutung.

Acht Jahre lebte er in der Schweiz, denn nachdem er um Aufnahme in das Werk gebeten hatte, schickte der Bischof ihn nach Europa zum Studium, wo er eine Masterarbeit über Versöhnung schrieb, die ihm nicht leicht von der Hand ging: „Ich habe acht Jahre gebraucht, um aus dem Dualismus Hutus-Tutsis herauszukommen. Ich war der erste Priester aus dem Werk, der nach Europa geschickt wurde. Als ich 2011 zurückkehrte, schlug Monseigneur mir zu meiner großen Überraschung noch ein Noviziat vor. Das musste ich erst mal verdauen. Nach all den Jahren Studium und Arbeit als Priester sollte ich ein Novize werden?" Die Zumutung, die in diesem Ansinnen für Père François lag, kann ich heute noch spüren. „Es war dann wie eine neue Geburt. Ich musste das Leben in Gemeinschaft lernen. Ein Leben als Diözesanpriester ist wie ein Leben als Junggeselle. Aber ein Ordenspriester lebt wie ein verheirateter Mann mit Verantwortung für Frau und Kinder." Ein Leben, auf das Père François sich einließ, und heute ist er für alle Brüder und angehenden Priester als Prior verantwortlich.

Die relative Zuversicht und Sicherheit, die in den zehn Jahren seit der Wahl 2005 in Burundi folgten, hatten nicht getragen. Was sich schon länger ankündigte, wurde 2015 zur Gewissheit. Eine neue „Krise", wie die Burunder die Gewalt- und Genozidwellen verharmlosend nennen, kam über das Land. Und hält bis heute an.

11. Mehr Hass, mehr Gewalt, mehr Angst: Burundi auf dem Weg in die Diktatur

„Auge um Auge – und die Welt wird blind sein."[37]

GHANDI

Die Lage in Burundi fasst Bischof Simon in einem Interview mit dem Kölner Stadtanzeiger im Juli 2017 so zusammen: „Zwei Jahre nach den Ereignissen von April/Mai 2015 bleibt die Situation weiter angespannt. Damals (als Präsident Pierre Nkurunziza gegen die Verfassung eine dritte Amtszeit für sich erzwang, Red.) (…) sind viele Menschen von der Polizei und der Armee ins Gefängnis geworfen worden. Viele konnten fliehen, aber viele sind auch in den Unruhen getötet worden. Diejenigen, die diese Situation kritisiert hatten, sind geflohen, die einen nach Ruanda, die anderen nach Tansania, manche auch nach Europa. Auch nach Deutschland sind Burunder geflohen, die zur Opposition gehören. (…) Es ist nicht so einfach, die eigene Meinung zu sagen. Dann wirst du sofort verhaftet. Wenn man aber schweigt, heißt das nicht, dass man einverstanden ist. (…)" Würden Leute, die sich öffentlich äußerten, ins Gefängnis geworfen, wird er gefragt.

---

37 http://muster.daszitat.de/?id=271, zuletzt abgerufen am 13.11.2017.

„Sicher. Sicher. Auch die Flucht aus dem Land geht weiter. Gerade vor zwei Wochen haben wir von den Vereinten Nationen erfahren, dass die Zahl der Flüchtlinge aus Burundi in den Nachbarländern auf 410 000 angestiegen ist. Das ist sehr viel. Die Regierung behauptet, dass einige Flüchtlinge wieder ins Land zurückkommen. Einige sind vielleicht wieder zurückgekommen. Aber die Zahlen der UN zeigen, dass von Januar 2017 bis jetzt die Zahl der Flüchtlinge um 200 000 gestiegen ist. (…)" Bischof Simon berichtet, dass der Präsident ihn und die Bischofskonferenz zwar nicht bedrohe. Aber: „Er meidet mich und die Bischofskonferenz seit etwa vier Jahren. Er will kein Treffen. (…) Ich fände es normal, dass er uns begegnet und uns zuhört. Die katholische Kirche hat Schulen, Gesundheitszentren. Wir versuchen, die Entwicklung des Landes zu fördern, aber wenn man uns nicht zuhört: Was kommt dabei heraus?"[38]

Was ist seit 2015 passiert? Nun, laut der Verfassung und dem Friedensvertrag von Arusha hätte Präsident Pierre Nkurunziza eigentlich sein Amt zur Verfügung stellen müssen: Die Verfassung sieht maximal zwei Amtszeiten vor, diese hatte er hinter sich. Statt sich verfassungskonform zu verhalten, griff Pierre Nkurunziza zu einem Trick. Er behauptete, das erste Mal sei er ja ernannt und nicht gewählt worden, also könne er jetzt zum zweiten Mal zur Wahl antreten. Naturgemäß sah die Opposition das anders, benannte den drohenden Verfassungsbruch. Im April und Mai des Jahres 2015 kam es zu Demonstrationen und Massenprotesten. Vor allem viele Schüler und junge Studenten gingen im Vertrauen auf demokratische Strukturen auf

---

38 Bischof Simon im Interview mit Peter Seidel, veröffentlicht im Kölner Stadtanzeiger am 19. Juli 2017.

die Straße und gerieten in einen Albtraum: Die Demonstrationen wurden blutig niedergeschlagen. Alle jungen Männer wurden unter Generalverdacht gestellt; verfolgt wurden alle, die zur Schule oder Universität gingen. Die Opposition geht von 3000 bis 8000 Toten aus, auch nach mehr als zwei Jahren leben noch über 400 000 Burunder in den angrenzenden Ländern, wohin sie flüchten mussten. Ich habe Bischof Simon gefragt, warum es unter den Asylsuchenden in Europa keine Burunder gibt: „Die Menschen sind zu arm", war seine Antwort, „eine Flucht nach Europa ist viel zu teuer." In der Tat ist Burundi aktuell das drittärmste Land der Welt. Im täglichen Leben fehlt es an allem, und als ich wissen will, ob er eine Hungersnot fürchte, sagt er: „Aber die ist doch schon lange da!"

Die Tage in Kigali gehen schnell vorbei. Ich habe nur noch Zeit für zwei Interviews, in denen mir erzählt wird, wie sich die aktuelle Krise in ihrem Leben auswirkt. Joséphine, die ihren Vater, ihren Status und ihre Zukunftschancen 1972 verlor, deren Mann 1993 verfolgt wurde und im Exil starb, muss nun um ihre Söhne fürchten: „2015, im Oktober, musste ich aufhören zu arbeiten. Ich arbeitete viele Jahre für die belgische Caritas, aber wegen der Krise gab es kein belgisches Geld mehr für Burundi." Ihre Söhne hat sie während der Krise versteckt, Arbeit hat sie auch keine mehr. Wovon sollen sie leben? „Wir leben von meinem Ersparten", schildert die Frau die Situation. „Freunde meiner Kinder haben es nach Kanada zum Studium geschafft. Über das Internet haben sie sich ausgetauscht. Sie mussten einen Sprachtest machen, der in Afrika nur in Ruanda oder Äthiopien angeboten wird. Es war ganz schön kompliziert, sich dafür einzuschreiben: Das musste innerhalb von fünf Tagen nach der Bezahlung an eine ruandesische Bank geschehen. Einer meiner Söhne hat es beim ersten Mal nicht gleich geschafft, aber der Älteste erhielt schnell eine Antwort. Ich fand, sie sollten zusammen weggehen, und schließlich haben es beide geschafft! Jetzt warten wir auf ihre Visa. Wenn alles gut geht, werden sie im Winter in Ottawa anfangen zu studieren." „Bist du traurig?", frage ich. „Die gehen ja nicht einfach zum Studium weg, die gehen ja aus deinem Leben." „Nein, ich bin daran gewöhnt, alleine zu sein. Außerdem fühle ich mich jetzt in der Krise sicherer, wenn sie nicht in Burundi sind." Wie so häufig in den letzten Tagen in Kigali, wird mir jetzt einmal mehr deutlich, wie privilegiert ich bin, als eine Mutter, die ihre Kinder in Europa großziehen kann.

Schwester Godelive hat die Söhne von Joséphine dabei unterstützt, sich in Kanada zu bewerben. Ihr wird das Herz bei dem Gedanken schwer, dass schon wieder eine neue Generation junger Männer ihr Leben verlieren oder nur außerhalb von Burundi weiterleben kann. So ungeschützt erzählt sie vom neuen Blutvergießen, dass ich mich um sie sorge und sie frage, wie offen ich schreiben darf, was sie berichtet. Doch die Entwicklung, die vielen Ungerechtigkeiten, die Drohungen und das erneute Leben in Unfreiheit hat sie furchtlos gemacht: „Ich habe keine Angst vor meiner Mission. Ich habe Menschen versteckt und sogar die Putschisten im Gefängnis besucht. Sie haben nach mir gerufen, also bin ich hingegangen. Dann haben mich Regierungsbeamte bedroht, wollten wissen, warum ich das tue. Sie haben mich verdächtigt, zu den Putschisten zu gehören. ‚Ich gehe zu den politischen Gefangenen, weil sie es brauchen', sagte ich dem Gefängnisdirektor, der mich nicht zu ihnen lassen wollte. ‚Du gehörst also nicht dazu, du hast keine Beziehung zu ihnen?', wollte der Direktor wissen. ‚Aber nein.' ‚Aber wussten Sie, dass Sie, wenn Sie Putschisten besuchen, selber ins Gefängnis kommen könnten?' ‚Ja, natürlich weiß ich, dass ich dann auch verhaftet werden kann.' ‚Ach so?', hat der Direktor des Gefängnisses gefragt, ‚dann geh', hinzugefügt – und ich bin gegangen." Wie so oft, wenn sie von schreiender Ungerechtigkeit berichtet, wird Godelives Stimme papierdünn vor Empörung. „Als ich endlich in den Zellentrakt kam, habe ich gesehen, dass die Putschisten noch nicht ein einziges Mal aus ihren winzigen Zellen herausgelassen worden waren. Es war so, als würde man sie in einer Toilette einsperren!! Es stank überall, die Menschen selber stanken, sie hatten Hunger – es war so schlimm, dass sogar der Gefängnisdirektor, der mir ja gefolgt war und der die Situation selbst zum ersten Mal sah, gestammelt hat: ‚Nein, nein, so können wir das nicht lassen.' Stell dir das nur vor, das hat der Gefängnisdirektor wirklich gesagt." Für Godelive ist es sehr wichtig zu betonen, dass es sich heute nicht um einen ethnischen, sondern einen politischen Konflikt handelt. „Die Putschisten haben mich geküsst und umarmt, ‚Oh, Schwester!' ausgerufen, obwohl sie mich nicht kannten. Sie sind so bedroht, so bedroht. Ich bringe ihnen nun immer Essen, einen großen Sack Schinken, Früchte, Kartoffeln, sonst verhungern sie ja. Man ist sehr streng mit diesen Menschen, das tut mir in der Seele weh. Die Zustände sind unglaublich."

Godelive erzählt, dass sie auch sonst Stellung bezieht: „Der Mann der Nichte von Monseigneur ist ein Parlamentarier und einer von denen, die die neue, illegale Amtszeit des Präsidenten mit unterschrieben, also mit legitimiert haben. ‚Du kannst nur gute Arbeit finden, wenn du in der Regierungspartei bist', sagt er, wenn ich ihn damit konfrontiere. ‚Jeder hat seine Wahl', kontere ich. Wenn die Familie der Nichte von Monseigneur gefragt wird, warum ihr Schwager nicht in der Partei ist, sagen sie: ‚Er ist ein Prophet, wir sind Politiker.' Aber ich sage, jeder hat eine Wahl. Ich sage es allen aus der Familie von Bischof Simon, die in der Partei sind und die Angst haben, uns besuchen zu kommen, weil sie dadurch eigene Nachteile fürchten, immer und immer wieder: ‚Ihr habt eine Verantwortung und eine Wahl.‘"

Als ich Bischof Simon im Februar 2017 in Burundi besuche, sagt er: „Die Regierung macht alles mit Druck. Sie will neue Regierungsgebäude bauen, dafür werden Wald und Land beschlagnahmt. Die Regierung will Gitega zur politischen Hauptstadt machen, sie will ein neues Parlament hier bauen. Aber eine solche Idee sollte mit der Bevölkerung diskutiert werden. Mit dem Volk, nicht nur innerhalb der Regierung. Warum Gitega Hauptstadt werden soll, wird nicht begründet. Allerdings war Gitega damals vor der deutschen, später der belgischen Kolonialisierung, als die Könige das heutige Burundi regiert haben, die Residenzstadt der Könige." Der Bischof bekommt zu der Zeit auch wieder Morddrohungen, das liegt an seiner Neujahrspredigt: „Ich habe die Regierung in meiner Neujahrspredigt aufgefordert, ihre Politik zu ändern. Deswegen habe ich der Regierung empfohlen, Reue für diese Untaten, diese Krise in Burundi zu zeigen, das Leid der Menschen zu bedauern. 400 000 Menschen, die fliehen mussten, andere, die in Angst leben, andere, die sich nicht frei bewegen können. Eine gute Regierung, die für das Volk da ist, hätte doch das Wort ergreifen können, um zu sagen: ‚Es tut uns leid. Jetzt müssen wir anders handeln.‘ Aber unsere regierenden Eliten haben nicht um Verzeihung gebeten und das müssen wir nun für sie. Wir müssen das! Wir als Kirche haben uns auch geirrt, wir sind ein Teil der schlechten Lösungen gewesen, weil wir nicht genug gesprochen haben. Wir haben geschwiegen, als wir hätten sprechen sollen. ‚Der schon wieder!‘, haben sie gesagt. Aber ich muss weiter betonen, wie wichtig die Versöhnung ist! Gestern Hutus gegen Tutsis, heute Parteien gegeneinander, morgen kann es sein, dass Reiche gegen Arme sind, die nichts vom Land besitzen. Ich bekomme Polizeischutz, den habe ich aber nicht beantragt. Ich habe keine Angst um mich, ich habe keine dauerhafte Bleibe auf der Erde. Aber in der Zeit, die ich habe, möchte ich ja gerne etwas tun für meine Mitmenschen." Und als ich ihn ganz direkt frage, ob Burundi auf dem Weg in eine Diktatur sei, ist seine Antwort: „Alle Zeichen stehen so."[39]

Und jetzt?

---

39 Eine Langfassung dieses Interviews finden Sie auf domradio.de, vom 28.02.2017: https://www.domradio.de/themen/weltkirche/2017-02-28/erzbischof-ntamwana-ueber-lage-burundi, zuletzt abgerufen am 13.11.2017.

12. Rückflug aus Burundi: Hoffnung im Herzen von Afrika

„Hoffnung ist nicht die Überzeugung,
dass etwas gut ausgeht, sondern die Gewissheit,
dass etwas Sinn hat, egal wie es ausgeht."[40]

VÁCLAV HAVEL

Jetzt sitze ich im Flugzeug, fliege zurück aus Burundi. Anders als in Ruanda habe ich dieses Mal viel von diesem kleinen Land mit den herzförmigen Grenzen im Herzen Afrikas gesehen. Was für ein Land! Was für Farben: fruchtbare, sattgrüne Hügel voller Tee-, Kaffee-, Reis- und Bananenplantagen, dazwischen leuchtend rote Erde. Pflückfrische, saftige Ananas, Papayas und Mangos. Nie zuvor habe ich solche Früchte gekostet. Nie zuvor bin ich von solch geballter Energie empfangen worden wie von den trommelnden und tanzenden behinderten Jugendlichen, die auf ihren Knochenstümpfen so leidenschaftlich wirbelten, als tanzten sie um ihr Leben. Nie zuvor bin ich von singenden, klatschenden und von schrillen Trillerpfeifen dirigierten Frauen aufgenommen und umhüllt worden wie von den Batwa im Norden Burundis. Als sie mir ihre Strohhütten zeigten, kam ich mir vor, als liefe ich durch Schwarz-Weiß-Fotos in Missionarsbildbänden

---

40 zitiert nach: http://www.fr.de/politik/zum-tode-von-vaclav-havel-ein-held-der-das-leben-liebte-a-890665, zuletzt aufgerufen am 13.11.2017.

oder durch ein Völkerkundemuseum. Überall wo ich hinkam, in diesem drittärmsten Staat der Welt, ob in der Stadt oder auf dem Land, kochten die Menschen auf Feuerstellen und lebten von dem, was sie selbst in der Erde anbauten. Wenn sie es denn können. Supermärkte gibt es nicht.

Hier stand die Wiege der Menschheit – und so, wie ich sie erlebt habe, könnte das in der Tat ein Paradies sein. Betonung auf: könnte.

Denn Farben und Früchte, Tänze und Trommeln sind nur die eine Seite dieses Landes.

Völkermord und politische Verfolgung, Hunger und bittere Armut die andere. Jahrzehnte voller Hass und Gewalt, gefolgt von Gegenhass und Gegengewalt eine Generation später und Gegengegenhass und Gegengegengewalt noch später. Und so weiter. Und so fort. So sieht es aus. Bischof Simon sagt dazu: „Wir bräuchten nur zehn Jahre Ruhe und Burundi würde sich schnell entwickeln. Wir haben ein fruchtbares Land, wir haben Bodenschätze im Norden des Landes. Gebt uns zehn Jahre, dann kann das kleine Burundi selber leben." Schmerz steht in seinen Augen, als er hinzufügt: „Deswegen bin ich ja so traurig, dass wir mehr als 50 Jahre Gewalt erlebt haben und immer noch keine Lösung zum Miteinander in Sicht ist. Woher kommt diese Dummheit?"

Woher die Dummheit kommt, bleibt eine so verzweifelte wie rhetorische Frage. Die Lösung aber liegt für Bischof Simon seit Jahrzehnten auf der Hand: eine politische Elite in Burundi, die für eine gerechte Beteiligung *aller* Volksstämme an Regierung, Verwaltung, Arbeit, Bildung und Gesundheit sorgt. Danach sieht es im Moment nicht aus. Was also tun?

„Der Glaube, den ich am liebsten mag,
sagt Gott, ist die Hoffnung."⁴¹

CHARLES PÉGUY

Dieses Zitat ist aus „Das Tor zum Geheimnis der Hoffnung",
einer Hymne an die Hoffnung, geschrieben von Charles Péguy,
einem französischen Schriftsteller, der im Ersten Weltkrieg gefallen ist. Für Bischof Simon ist er ein literarisches und spirituelles Juwel, auf das er immer und immer zurückkommt – um nie
die Hoffnung zu verlieren. Als ich in diesen die Hoffnung be-
schwörenden Zeilen, geschrieben in den sich verfinsternden Zeiten 1911, lese, finde ich darin:

„Man muss Hoffnung schenken an Gott.
Jetzt muss er auf den Sünder hoffen, auf
uns. Jetzt muss er (es ist wahnwitzig genug)
hoffen, dass wir uns retten.
Ohne uns kann er nichts tun.
Gott hat uns nötig, Gott bedarf notwendig
seines Geschöpfes"⁴²

CHARLES PÉGUY

Ich denke diesen, für Bischof Simon so kostbaren Gedanken,
im Flugzeug von Burundi zurück in unsere europäische Welt

---

41 zitiert nach: http://www.zeit.de/1948/17/hoffnung-unseres-jahrhunterts/komplettan-
    sicht, zuletzt abgerufen am 13.11.2017.
42 zitiert nach: http://www.zeit.de/1948/17/hoffnung-unseres-jahrhunterts/komplettan-
    sicht, zuletzt abgerufen am 13.11.2017.

fliegend, weiter. Und würde Charles Péguy am liebsten hier, über den Wolken, zurufen: „Lieber Charles Péguy, wo auch immer Sie gerade sind, nur Mut. Solange es Geschöpfe wie Bischof Simon, Schwester Godelive und Schwester Consolate, Adèle, Joséphine, Béatrice und Josianne, Emmanuel, Yusuf und Ildéphonse, Père François und Frère Jules gibt – solange gibt es für Gott Hoffnung, dass wir uns retten."

Für Bischof Simon ist die Sache eh klar: Nur Versöhnung kann uns retten. Mir ist das nicht immer so klar. Und ab und zu fordere ich ihn dann heraus, seine These in extremen Situationen zu verteidigen. Zum Beispiel frage ich ihn nach der Mutter des ersten Toten, des ersten Opfers in den neuen Gewaltwellen 2015. Dieses erste Todesopfer war ein 16-jähriger Schüler, der friedlich für die Einhaltung der Verfassung demonstrierte. Was für eine grauenhafte Situation, was für ein schrecklicher Schmerz! Glaubt der Erzbischof allen Ernstes, die Mutter des jungen Toten brauche jetzt Versöhnung? „Die Mutter wird zuerst Mitgefühl, Beileid brauchen. Aber dann wird sie merken, dass ihr Kind unwiderruflich gestorben ist. Nichts wird es zurückbringen, nichts es wieder lebendig machen. Keine Rache und kein Hass. Wenn sie das merkt, wird sie nicht wollen, dass ihr Kind umsonst gestorben ist. Sie wird wollen, dass aus dem Opfer Leben wird."

Wenn die Mutter an diesen Punkt komme, dann wolle auch sie Versöhnung. Was Bischof Simon dann weiterausführt, soll in diesem Buch das letzte Wort sein:

„Versöhnung geht immer. Oder es geht nie", sagt er und verweist mit großer Bestimmtheit auf die Sehnsucht, die wir alle teilen: „Jeder Mensch hat eine tiefe Seele. In der Tiefe wohnt nur die Liebe. Jeder sehnt sich danach, die zu leben."

„Urakose Cane" heißt „Vielen Dank" auf Kirundi

Urakose Cane: Vielen Dank, sagen die Burunder hundertmal und mehr jeden Tag. An dieser Stelle habe ich hundert Mal und mehr Danke zu sagen.

Urakose Cane: Bischof Simon. Der irgendetwas in meinen anderen Arbeiten fand, das ihn glauben ließ, ich könne auch sein Lebensziel in Worte fassen. Danke für das Vertrauen. Danke für die Geduld, wenn ich mal wieder alles verstehen wollte, und, vielleicht am meisten: Danke dafür, dass unsere Unterschiede kein Hindernis wurden, sondern eine Herausforderung sein durften. Auch das könnte man Versöhnung nennen.

Urakose Cane: Schwester Godelive und Schwester Consolate, Adèle, Joséphine, Béatrice und Josianne, Emmanuel, Yusuf und Ildéphonse, Père François und Frère Jules: Ihr wart so bewegt, dass ich um die halbe Welt fliege, um eure Geschichten anzuhören. Ich sei eine Pionierin, meinte Père François, weil es in Burundi, anders als in Ruanda, kaum Erzähl- und Aufarbeitungskultur gibt. Nein, nein. Die Pioniere seid ihr. Ich habe nur mein Aufnahmegerät in die Mitte des Tisches gelegt, gefragt und zugehört. Ihr habt mir euer Vertrauen geschenkt, mich an euren Schmerzen und Schrecken teilhaben lassen, mir eure Wunden und Tränen gezeigt, mich euren Mut erleben und eure Liebe, untereinander und selbst zu mir, in Kigali und Gitega fühlen lassen.

Und das noch: Ich werde für immer wissen, was es heißt, als Fremde zu kommen und in der nächsten Sekunde zur Familie zu gehören. Möge eure Versöhnungsbereitschaft euch ein liebevolles Leben retten.

Urakose Cane: Dem Referat Weltkirche der Diözese Eichstätt. Seine Mitarbeiter hatten schon Vertrauen in das Projekt, als der Buchmarkt dieses noch nicht mal buchstabieren konnte, und ermöglichten die Rechercheise nach Ruanda. Wie sonst hätte ich, *bevor* ich die Geschichten der Menschen gehört hatte, jenes verbindliche Exposé schreiben können, das die Verlage verlangten?

Urakose Cane: Oliver Brauer, Literaturagent, und Stefan Wiesner, damals Verlagsleiter adeo. Ich glaube, sie waren die einzigen Buchmenschen branchenbreit und -weit, die sich dieses Buch überhaupt vorstellen konnten. Beide haben dafür gekämpft – und beide haben es möglich gemacht. Ich staune immer noch.

Urakose Cane: Sarah Koller, Christine Beitat, Ilka Walter und allen anderen vom adeo Verlag. So viel Einfühlung, Unterstützung, Professionalität, Liebe zum Detail und, ja, auch das Herzblut für ein zum Teil auch noch geerbtes Buchprojekt!

Urakose Cane: Pfarrer Ludwig Kamm. Der schon viele Jahrzehnte nach Burundi fährt, in Wahrheit vielleicht viel lieber dort leben würde und Bischof Simon nach Tönisvorst holte. Sonst hätten wir uns wohl kaum kennengelernt. Urakose Cane, Dr. Sebastian Boekels, der nachts in Gitega an meinem Bett saß, Infusionen hochhielt und so dafür sorgte, dass ich es trotz

Grippe zur unpassendsten Zeit ever nicht nur nach Burundi schaffte, sondern dort auch arbeiten konnte.

Urakose Cane: Christian Bernzen und Anne Gidion, die mir sogar dann einen Platz zum Schreiben einräumen, wenn sie selber gerade umgezogen sind. Und die mir so zuhören, dass meine Geschichten sich finden können.

Urakose Cane: Schwester Beatrix und Schwester Praxedis. Schwester Beatrix in memoriam für das Aufbäumen gegen die schwindende Kraft in den letzten Tagen eines langen, liebenden Lebens. Nur um mir von ihrem Burundi und ihrem Bischof Simon zu erzählen. Schwester Praxedis für alle Unterstützung, unvoreingenommenes Vertrauen in eine unbekannte Journalistin und den vertrauensvollen Einblick in die Jetztzeit, die Schwestern aus dem letzten Jahrhundert immer noch braucht!

Urakose Cane: Anne Eggert-Büssing, die mir mit ihrer traumatherapeutischen Erfahrung, ihrem scharfen Verstand und ihrem genauen Blick für Worte während der Manuskriptarbeit und in der Reflexion des in Afrika Erlebten kompetent, geduldig und sehr hilfreich zur Seite stand. So lieh sie mir den Mut, mit dem ich diesem so herausfordernden, vielleicht sogar verstörend anderen Blick auf Täter und Opfer und allen Widerständen, die er auslöst oder bei der Lektüre auslösen könnte, schreibend schon im Vorhinein standhalten konnte.

Urakose Cane: Bruno Schleeger, der zu seiner Ehefrau am Flughafen sagte: „Mach dir keine Sorgen, ich mache mir auch keine", um sich in Wirklichkeit zehn lange Tage um diese Ehefrau in Ruanda zu sorgen. Urakose Cane: meine lieben „Kinder", die je nach Temperament um ihre seltsame Mutter bangten, sie achsel-zuckend ihrer verschlungenen Wege ziehen ließen, am liebsten mitgekommen wären oder sich mit ihr auf ein neues Abenteuer gefreut haben.

Zurate gezogene Literatur

Das hier ist keine verbindliche, vollständige, aktuell recher-chierte Literaturliste zur Geschichte Burundis, zum Völkermord in Ruanda und Burundi, zur Kolonialgeschichte Afrikas oder der aktuellen spirituellen Literatur zum Thema Versöhnung.

Dies hier sind die Bücher, die mir während meiner Recherche- und Schreibezeit zur Seite standen. Wie Macheten im Dschungel der vielen Themen, schlugen sie mir einen Weg und ermöglich-ten einen Blick und eine Annäherung an das Herz der Geschich-ten: Versöhnung im Völkermord.

- Augustinus: Bekenntnisse, Anaconda Verlag, Köln 2015.
- Dallaire, Roméo: Handschlag mit dem Teufel, Die Mitschuld der Weltgemeinschaft am Völkermord in Ruanda, zu Klam-pen Verlag, Frankfurt am Main 2008.
- Domin, Hilde: Gesammelte Gedichte, S. Fischer Verlag, Frank-furt am Main 1987.
- Kayoya, Michel: Auf den Spuren meines Vater, Ein Afrikaner sucht Afrika, Jugenddienst-Verlag, Wuppertal 1973.
- Ilibagiza, Immaculée: Aschenblüte, Ich wurde gerettet, damit ich erzählen kann, Ullstein, Berlin 7. Auflage 2015.
- Ntirampeba, P. François-Xavier: La réconciliation ,palabrique‘ pour la paix au burundi, Ed. Presses Lavigerie, Bujumbura 2015.

- Ntamwana, Simon: Soyons les serviteurs de la vie, Entretiens avec Antoine Kaburahe, le roseau vert Erezée 2005.
- Van Reybrouck, David: Kongo. Eine Geschichte, Suhrkamp Verlag, Berlin 2. Auflage 2014.
- Tutu, Desmond/Tutu Mpho: Das Buch des Vergebens, Vier Schritte zu mehr Menschlichkeit. Aus dem Englischen von Thomas Görden © 2014 Allegria Verlag in der Ullstein Buchverlage GmbH.
- Tutu, Desmond: Keine Zukunft ohne Versöhnung, Patmos Verlag, Düsseldorf 2001.
- Tutu, Desmond: Meine afrikanischen Gebete, Hugendubel Verlag, München 1995.
- Tutu, Desmond (Hrsg. Angela Krumpen): Versöhnung, Sei wahr und werde frei, Verlag Herder GmbH, Freiburg, Basel, Wien 2008.

Unterstützung für die Versöhnungsarbeit in Burundi

Wer die Arbeit von Bischof Simon und dem Versöhnungswerk „Vie nouvelle pour la réconciliation" unterstützen möchte, kann das mit einer Spende mit dem Stichwort **Versöhnungsarbeit** auf das Konto der katholischen Kirchengemeinde St. Godehard in Vorst-Tönisvorst tun.

Kath. Kirchengemeinde St. Godehard
IBAN: DE56320603620001255053
BIC: GENODED1HTK

Der Verlag weist ausdrücklich darauf hin, dass im Text enthaltene externe Links vom Verlag nur bis zum Zeitpunkt der Buchveröffentlichung eingesehen werden konnten. Auf spätere Veränderungen hat der Verlag keinerlei Einfluss. Eine Haftung des Verlags ist daher ausgeschlossen.

Der Verlag hat sich bemüht, die Inhaber aller Rechte ausfindig zu machen; dies ist leider nicht in allen Fällen gelungen. Sollte dem Verlag gegenüber dennoch der Nachweis der Rechtsinhaberschaft geführt werden, wird diese selbstverständlich in branchenüblicher Weise abgegolten.

Die Bibelstellen wurden aus folgenden Übersetzungen zitiert:

Luther-Bibel, revidiert 2017, © 2016 Deutsche Bibelgesellschaft, Stuttgart.
Die Verwendung des Textes erfolgt mit Genehmigung der Deutschen Bibelgesellschaft.

Einheitsübersetzung der Heiligen Schrift, vollständig durchgesehene und überarbeitete Ausgabe © 2016 Katholische Bibelanstalt, Stuttgart

Bibeltext der Schlachter Übersetzung, © Genfer Bibelgesellschaft, CH-1204 Genf, Wiedergegeben mit der freundlichen Genehmigung. Alle Rechte vorbehalten.

Copyright © 2018 adeo Verlag
in der Gerth Medien GmbH, Dillerberg 1, 35614 Asslar

1. Auflage März 2018
Bestell-Nr. 835186
ISBN 978-3-86334-186-2

Umschlaggestaltung: Maike Michel
Umschlagmotiv: Michael Bause und mauritius images / Alamy
Lektorat: Sarah Koller
Satz: Uhl + Massopust, Aalen
Druck und Verarbeitung: GGP Media GmbH, Pößneck
Printed in Germany

www.adeo-verlag.de